检验检疫百问百答

关务通·新疑难解惑系列

"关务通·新疑难解惑系列"编委会 ◎ 编

中国海关出版社有限公司

中国·北京

图书在版编目（CIP）数据

检验检疫百问百答／"关务通·新疑难解惑系列"编委会编． -- 北京：中国海关出版社有限公司，2024.6
（关务通．新疑难解惑系列；2）
ISBN 978-7-5175-0751-2

Ⅰ.①检… Ⅱ.①关… Ⅲ.①进出口贸易—商品检验—中国—问题解答②进出口贸易—国境检疫—卫生检疫—中国—问题解答 Ⅳ.①F752.6-44②R185.3-44

中国国家版本馆 CIP 数据核字（2024）第 037934 号

检验检疫百问百答
JIANYAN JIANYI BAI WEN BAI DA

作　　者：	"关务通·新疑难解惑系列"编委会
策划编辑：	刘　婧
责任编辑：	刘　婧
责任印制：	王怡莎
出版发行：	中国海关出版社有限公司
社　　址：	北京市朝阳区东四环南路甲1号　　邮政编码：100023
编 辑 部：	01065194242-7544（电话）
发 行 部：	01065194221/4238/4246/4254/5127（电话）
社办书店：	01065195616（电话）
	https://weidian.com/?userid=319526934（网址）
印　　刷：	廊坊一二〇六印刷厂　　经　　销：新华书店
开　　本：	880mm×1230mm　1/32
印　　张：	5.125　　　　　　　　　字　　数：138 千字
版　　次：	2024 年 6 月第 1 版
印　　次：	2024 年 6 月第 1 次印刷
书　　号：	ISBN 978-7-5175-0751-2
定　　价：	45.00 元

海关版图书，版权所有，侵权必究
海关版图书，印装错误可随时退换

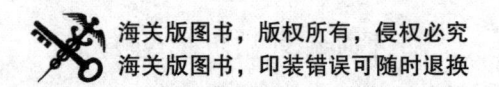

前　言

为便于关务人员快速查询、获取相关业务知识,"关务通·新疑难解惑系列"编委会组织编写了"关务通·新疑难解惑系列"丛书。"关务通"系列丛书于2011—2016年陆续出版,因其设计风格独特和内容全面实用深受广大读者的好评,作为"关务通系列"的延续,希望"关务通·新疑难解惑系列"能够为读者提供更好的使用体验。

本丛书编写人员长期从事政策解答、业务咨询工作,广泛收集了企业在通关过程中的常见及热点问题,并从中选取企业关心、具有代表性的实务问题,通过对这些问题的梳理和分类,聚焦通关监管、企业管理与稽查、检验检疫、关税征管、加工贸易保税监管、个人行邮监管六个方面,分册编写。

"快速查询、快速解决"是本丛书编写的目标。各分册具体包括问、答、文件依据三部分,力求问题简单明晰,回答重点突出。为帮助读者在解决问题的同时,能对应了解相关政策,本丛书各分册还特增加附录,以涵盖部分重点法律法规。

各分册所列问答的具体数量根据实际情况而定,未作统一。因时间仓促,水平有限,不足之处还请各位读者见谅并指正。

"关务通·新疑难解惑系列"编委会

2024年4月

目　录

百问百答 ·· 1

1. 在哪里查询《符合评估审查要求及有传统贸易的国家或地区输华食品目录》? ································ 1
2. 海关是否向社会公开检出不合格并未准入境的食品化妆品信息? ································ 1
3. 已注册的进口食品境外生产企业名单可在哪里查询? ········ 1
4. 哪里可以查询拟输华肉类产品评估审查程序? ············ 2
5. 出口食品的检验检疫是由口岸海关实施还是由产地海关实施? ··· 3
6. 食品进口商应当建立食品进口和销售记录制度，如实记录食品名称、净含量/规格、数量、生产日期、生产或者进口批号、保质期、境外出口商和购货者名称、地址及联系方式、交货日期等内容，并保存相关凭证，相关凭证需要保存多久? ··· 3
7. 超市销售的进口食品是否应该在内外包装上标注在华注册编号? ································ 4
8. 海关对进口食品实施现场查验的内容有哪些? ············ 4
9. 进口保健食品、特殊膳食用食品在入境前加贴中文标签，能否允许进口到中国? ································ 5
10. 食品安全标准有哪些要求? ···························· 5
11. 预包装食品的包装上应当有标签，该标签应当标明哪些事项? ··· 6
12. 进口越南燕窝对产品证书有什么要求? ················ 7
13. 什么是生乳制品和乳制品? ·························· 7
14. 首次进口的乳品的"首次进口"是指什么? ············ 8

15. 蒙古国输华乳品提供原料乳的奶畜有哪些要求？ 8
16. 允许进口的蒙古国乳品有哪些？ 9
17. 进口乳品需随附什么卫生证书？ 9
18. 境外发生的食品安全事件可能对我国境内造成影响，或者在进口食品、食品添加剂、食品相关产品中发现严重食品安全问题的，国家出入境检验检疫部门应当及时进行风险预警，并可以对相关的食品、食品添加剂、食品相关产品采取哪些控制措施？ 10
19. 海关依据进出口商品检验相关法律、行政法规的规定对进口食品实施合格评定，合格评定活动具体有哪些？ 10
20. 智利输华牛肉产品包装有哪些要求？ 11
21. 智利输华牛肉的活牛须符合哪些条件？ 11
22. 进口古巴的蜂蜜产品证书、产品包装及标识有什么要求？ 12
23. 智利输华冷冻水果速冻处理、包装和装运有哪些要求？ 13
24. 斯洛伐克输华羊肉有什么要求？ 14
25. 进口智利鲜食水果途经第三国转运输华的海空联运运输有哪些要求？ 15
26. 出入境特殊物品包括哪些？ 16
27. 出入境特殊物品卫生检疫管理包括哪些措施？ 16
28. 入境特殊物品卫生检疫审批单由谁向海关申请？ 17
29. 出境特殊物品卫生检疫审批单由谁向海关申请？ 17
30. 应向哪个部门申请出入境特殊物品卫生检疫审批？ 18
31. 出入境卫生检疫审批需要提供哪些材料？ 18
32. 特殊物品卫生检疫审批单的办结时限是多久？ 20
33. 出入境特殊物品分为哪几个风险等级？ 20
34. 不同等级的出入境特殊物品，在申请和审批方面有什么要求？ ... 20
35. 哪些特殊物品需要实施后续监管？ 21

36. 对于需实施后续监管的入境特殊物品，使用单位在后续监管时应该如何配合海关？ …… 22
37. 企业在"海关特殊物品出入境卫生检疫审批与分析系统"里已完成单位信息的审核，申请人信息状态为"待现场考核"，是否需要完成现场考核后才能申请审批单？ …… 22
38. 某人出境时随身携带了少量自用的胰岛素，用于治疗糖尿病，是否需要办理特殊物品出入境卫生检疫审批？ …… 23
39. 邮寄渠道的自用特殊物品，是否需要办理特殊物品出入境卫生检疫审批？ …… 23
40. 特殊物品进出境怎么办理报检手续？ …… 23
41. 个人是否可以申请病原微生物入境？ …… 24
42. 某生物技术有限公司拟进口用于液相色谱检测的配制试剂，成分为有机溶液，商品编号为3822190090，在通关时系统提示需提交《特殊物品审批单》，需要办理吗？ …… 24
43. 血液制品是否可以过境？ …… 25
44. 某人近期打算出国，需要办理《国际旅行健康检查证明书》（健康证）吗？ …… 25
45. 出入境人员需要海关进行健康申报吗？ …… 26
46. 健康申报可否通过线上办理？ …… 26
47. 申请来华居留的境外人员应当办理什么手续？ …… 26
48. 哪些单位或个人要申请国境口岸卫生许可证？ …… 27
49. 进口化妆品出现什么情况会加严抽样查验？ …… 27
50. 进口化妆品在哪个海关实施检验检疫？ …… 28
51. 如何处理检验检疫不合格进口化妆品？ …… 28
52. 向中国出口农药的企业，如何办理通知单？ …… 29
53. 列入实施检验的进出口商品目录的进口商品，经商检机构检验后，是否都必须申领《入境货物检验检疫证明》才能

销售？ …… 29
54. 某公司在进口食品时被海关查验，经检验机构认定食品存在质量问题。该公司对商品的检验结果有异议怎么办？ …… 29
55. 如何申请危险货物包装容器性能鉴定？ …… 30
56. 海关对既是食品或食品添加剂，又是危险化学品的商品有何监管要求？ …… 30
57. 出口危险化学品的发货人或者其代理人向海关报检时，应提供什么材料？ …… 31
58. 出口危险货物包装生产企业的代码是否会体现直属海关信息？ …… 31
59. 出口危险货物包装生产企业代码每一位分别代表什么？ …… 32
60. 什么是采信机构？ …… 32
61. 检验机构申请列入采信机构目录的，应当通过采信管理系统向海关总署提交哪些材料？ …… 33
62. 一家境内机构作为其集团全球网点的一部分，包含在集团总部所获得的ISO/IEC 17020认可范围之内，故没有再次申请中国合格评定国家认可委员会（CNAS）的ISO/IEC 17020认可。这种情况下，该机构是否可以申请成为采信机构？ …… 33
63. 进口涂料备案取消了，海关是否还要对进口涂料进行检查？主要检查内容有哪些？ …… 34
64. 什么是旧机电产品？ …… 34
65. 进口旧机电产品由谁管理？ …… 35
66. 进口旧机电产品的装运前检验应当于启运前，在其境外装货地或者发货地，按照我国法律法规和技术规范的强制性要求实施。装运前检验应包括哪些内容？ …… 35
67. 装运前检验证书及随附的检验报告应当符合哪些要求？ …… 36
68. 什么是进境木质包装？ …… 37

目录

69. 进境货物使用木质包装的是否需要加施国际植物保护公约（IPPC）标识？ …………………………………………… 38
70. 进境货物使用木质包装的，报检后海关如何处理？ ……… 38
71. 入境口岸海关对进口汽车的检验包括哪些内容？ ………… 39
72. 进口电池等商品时，海关监管有什么特殊要求？ ………… 40
73. 输入保税区的应检物的检验检疫有哪些要求？ …………… 40
74. 输出保税区的应检物的检验检疫有哪些要求？ …………… 41
75. 经保税区转口的应检物的检验检疫有哪些要求？ ………… 42
76. 申请办理进境动植物检疫审批手续的单位需要什么资质？ … 43
77. 《动植物检疫许可证》的有效期是多长时间？ …………… 44
78. 进境动植物检疫审批的办理时限是多久？ ………………… 44
79. 在什么情况下，申请单位需要重新申请办理《动植物检疫许可证》？ ……………………………………………………… 44
80. 进口粮食对境外企业有什么要求？ ………………………… 45
81. 进境粮食境外生产加工企业注册登记有效期是多久？ …… 45
82. 进境粮食是否有口岸限制？ ………………………………… 46
83. 进境粮食存放、加工企业向哪个部门申请办理备案？ …… 46
84. 进境粮食是否可以进行随航熏蒸处理？ …………………… 46
85. 出境粮食生产加工企业是否要办理注册备案？ …………… 47
86. 出境粮食加工、仓储企业注册登记设立申请在哪个平台操作？ … 47
87. 出境粮食检验有效期是多久？ ……………………………… 48
88. 企业打算进口粮食，哪里可以查询输华准入名单？ ……… 48
89. 我国准予进口的中药材种类及输出国家和地区有哪些？ … 48
90. 进口药食同源的中药材，如何确定能否申报为药用？ …… 49
91. 海关对中药材进境和销售、加工记录保存期限的要求是多长时间？ ………………………………………………………… 49
92. 进口棉花，境外企业需要向海关办理相关手续备案吗？如何

办理？ ……………………………………………… 50
93. 进口棉花境外供货企业应符合什么资质？ ……………… 50
94. 如何查询已登记的进口棉花境外供货企业名单？ ……… 51
95. 如何办理出境竹木草制品生产加工企业注册登记？ …… 51
96. 竹木草制品的风险等级是如何划分的？ ………………… 51
97. 出境竹木草制品生产加工企业的类别是如何划分的？ … 52
98. 某企业是竹木草制品加工企业，在海关的企业类别是一类企业，竹木草制品的风险等级是低风险产品，该企业出境竹木草制品抽查比例是多少？ ……………………………… 53
99. 企业想从某个国家进口某种水果，如何得知是否可以进口？ … 54
100. 如何查询允许进口水果境外注册登记企业名单？ ……… 54
101. 自国外进口水果，外商提供的植物检疫证书需要符合哪些要求？ ………………………………………………… 54
102. 进境水果指定监管场地名单可以在哪里查看？ ………… 55
103. 出境水果果园和包装厂需要注册登记吗？ ……………… 55
104. 出境水果果园和包装厂注册登记在哪个平台办理？ …… 56
105. 申请注册登记的出境水果果园和出境水果包装厂分别应当具备哪些条件？ ………………………………………… 56
106. 出境水果果园、包装厂注册登记证书有效期为多长？ … 58
107. 从哪里可以查询到已经注册的出口水果果园和包装厂？ … 58
108. 什么是非食用动物产品？ ………………………………… 58
109. 海关对向中国输出非食用动物产品的境外生产、加工、存放企业有什么要求？ …………………………………… 59
110. 从哪里可以查询到允许进境非食用动物产品国家或地区及产品种类和注册登记企业名单？ …………………………… 59

附 录 ·· 60

中华人民共和国进出口食品安全管理办法·············· 60
关于明确进口乳品检验检疫有关要求的公告············ 76
出入境特殊物品卫生检疫管理规定···················· 78
关于公布《特殊物品海关检验检疫名称和商品编号对应名录》
的公告·· 87
进出口化妆品检验检疫监督管理办法·················· 88
中华人民共和国进出口商品检验法···················· 98
进口旧机电产品检验监督管理办法··················· 104
保税区检验检疫监督管理办法······················· 111
进境动植物检疫审批管理办法······················· 116
进出境粮食检验检疫监督管理办法··················· 120
进出境中药材检疫监督管理办法····················· 135
进境水果检验检疫监督管理办法····················· 146

百问百答

1. 在哪里查询《符合评估审查要求及有传统贸易的国家或地区输华食品目录》？

答： 企业可通过海关总署门户网站—进出口食品安全局—信息服务—符合评估审查要求及有传统贸易的国家或地区输华食品目录查看相关信息。该信息由海关总署根据实际情况实施动态管理。

2. 海关是否向社会公开检出不合格并未准入境的食品化妆品信息？

答： 海关总署按月公开全国海关在口岸监管环节检出安全卫生项目等不合格并未准入境的食品化妆品信息，企业可在海关总署门户网站—进出口食品安全局—信息服务—进口食品安全风险预警查询到相关信息。该信息由海关总署根据实际情况动态管理。

3. 已注册的进口食品境外生产企业名单可在哪里查询？

答： 企业可通过以下两种方式进行查询：

方式一：海关总署门户网站—进出口食品安全局—信息服务—进口食品境外生产企业注册栏目；

方式二："中国国际贸易单一窗口"（www.singlewindow.cn）—

全部应用—其他应用—进口食品境外生产企业注册—公共查询。

4. 哪里可以查询拟输华肉类产品评估审查程序？

答： 企业可通过海关总署门户网站—进出口食品安全局—信息服务—产品监管重要信息—陆生动物源性食品—拟输华陆生动物源性食品评估审查程序进行查询，该程序具体如下。

根据中国的法律规定和国际通行做法，在完成以下程序后，拟输出国方可对华出口肉类产品：

（一）拟输出国以书面方式向中国海关总署提出对华出口食品申请。中方根据拟输出国动物疫情状况决定是否启动评估审查程序。如启动，则向拟输出国提交相关产品的风险评估问卷。

（二）拟输出国根据问卷予以回复，提供相关技术资料，包括输出国兽医卫生和公共卫生的法律法规体系、组织机构、兽医服务体系、产品的生产方式、安全卫生控制体系、残留监控体系、动物疫病的检测、监控情况等资料。

（三）中方对输出国官方提供的答卷及相关资料进行风险评估，如果评估认为出口国的食品安全卫生状况在可接受范围内，则中方将派专家组赴输出国进行实地考察。

（四）双方就对华出口食品的检验检疫要求进行磋商，达成一致后签署议定书，并确认卫生证书内容和格式。在完成以上评估审查程序后，拟向中国输出食品的输出国企业必须按照中国的有关法律法规进行企业注册，同时需向中国海关总署提供在华注册企业的产品种类、签字兽医官等信息，企业获得在华注册后方准对华出口。

5. **出口食品的检验检疫是由口岸海关实施还是由产地海关实施？**

答： 出口食品应当依法由产地海关实施检验检疫。海关总署根据便利对外贸易和出口食品检验检疫工作需要，可以指定其他地点实施检验检疫。

文件依据：《中华人民共和国进出口食品安全管理办法》（海关总署令第249号）。

6. **食品进口商应当建立食品进口和销售记录制度，如实记录食品名称、净含量/规格、数量、生产日期、生产或者进口批号、保质期、境外出口商和购货者名称、地址及联系方式、交货日期等内容，并保存相关凭证，相关凭证需要保存多久？**

答： 记录和凭证保存期限不得少于食品保质期满后6个月；没有明确保质期的，保存期限为销售后2年以上。

文件依据：《中华人民共和国食品安全法》。

7. 超市销售的进口食品是否应该在内外包装上标注在华注册编号？

答： 已获得注册的境外企业向中国境内出口食品时，应当在食品的内、外包装上标注在华注册编号或者所在国家（地区）主管当局批准的注册编号。因此，超市销售的进口食品应在内外包装上标注在华注册编号。

文件依据：《中华人民共和国进口食品境外生产企业注册管理规定》（海关总署令第248号）。

8. 海关对进口食品实施现场查验的内容有哪些？

答： 海关根据监督管理需要，对进口食品实施现场查验，现场查验包括但不限于以下内容：

（一）运输工具、存放场所是否符合安全卫生要求；

（二）集装箱号、封识号、内外包装上的标识内容、货物的实际状况是否与申报信息及随附单证相符；

（三）动植物源性食品、包装物及铺垫材料是否存在《中华人民共和国进出境动植物检疫法实施条例》第二十二条规定的情况；

（四）内外包装是否符合食品安全国家标准，是否存在污染、破损、湿浸、渗透；

（五）内外包装的标签、标识及说明书是否符合法律、行政法规、食品安全国家标准以及海关总署规定的要求；

（六）食品感官性状是否符合该食品应有性状；

（七）冷冻冷藏食品的新鲜程度、中心温度是否符合要求、是否有病变、冷冻冷藏环境温度是否符合相关标准要求、冷链控温设备设施运作是否正常、温度记录是否符合要求，必要时可以进行蒸煮试验。

文件依据：《中华人民共和国进出口食品安全管理办法》（海关总署令第249号）。

9. 进口保健食品、特殊膳食用食品在入境前加贴中文标签，能否允许进口到中国？

答：不可以。符合中国法律法规及食品安全国家标准定义要求的进口保健食品、特殊膳食用食品的中文标签必须印制在最小销售包装上，不得加贴。

文件依据：《中华人民共和国进出口食品安全管理办法》（海关总署令第249号）。

10. 食品安全标准有哪些要求？

答：具体要求为：

（一）食品、食品添加剂、食品相关产品中的致病性微生物，农药残留、兽药残留、生物毒素、重金属等污染物质以及其他危害人体健康物质的限量规定；

（二）食品添加剂的品种、使用范围、用量；

（三）专供婴幼儿和其他特定人群的主辅食品的营养成分要求；

（四）对与卫生、营养等食品安全要求有关的标签、标志、说明书的要求；

（五）食品生产经营过程的卫生要求；

（六）与食品安全有关的质量要求；

（七）与食品安全有关的食品检验方法与规程；

（八）其他需要制定为食品安全标准的内容。

文件依据：《中华人民共和国食品安全法》。

11. 预包装食品的包装上应当有标签，该标签应当标明哪些事项？

答： 标签应注明以下信息：

（一）名称、规格、净含量、生产日期；

（二）成分或者配料表；

（三）生产者的名称、地址、联系方式；

（四）保质期；

（五）产品标准代号；

（六）贮存条件；

（七）所使用的食品添加剂在国家标准中的通用名称；

（八）生产许可证编号；

（九）法律、法规或者食品安全标准规定应当标明的其他事项。

专供婴幼儿和其他特定人群的主辅食品，其标签还应当标明主要营养成分及其含量。

食品安全国家标准对标签标注事项另有规定的，从其规定。

文件依据：《中华人民共和国食品安全法》。

12. 进口越南燕窝对产品证书有什么要求？

答：每一批产品应随附一份原产地证书和正本兽医卫生证书。兽医卫生证书用中文和英文写成，其格式、内容须事先获得双方认可。越方出具的兽医卫生证书，应注明：

（一）燕窝注册号、加工企业注册号、产品原料来源；

（二）已采取必要的预防措施防止产品与所有禽流感病毒源接触；

（三）产品符合中国法律法规及相关标准和要求；

（四）适合人类食用。

文件依据：《关于进口越南燕窝产品检验检疫要求的公告》（海关总署公告2022年第110号）

13. 什么是生乳制品和乳制品？

答：生乳制品是指由生乳加工而成、加工工艺中无热处理杀菌过程的产品。乳制品是指由乳为主要原料加工而成的食品，如巴氏杀菌乳、灭菌乳、调制乳、发酵乳、干酪及再制干酪、稀奶油、奶油、无水奶油、炼乳、乳粉、乳清粉及乳清蛋白粉、乳基婴幼儿配方食品及其生产原料基粉、酪蛋白及其他乳与乳制品（如乳矿物盐和乳蛋白等）。
文件依据：《关于明确进口乳品检验检疫有关要求的公告》（海关总署公告2021年第114号）。

14. 首次进口的乳品的"首次进口"是指什么？

答：首次进口，指境外生产企业、产品名称、配方、境外出口商、境内进口商等信息完全相同的乳品从同一口岸第一次进口。

文件依据：《关于明确进口乳品检验检疫有关要求的公告》（海关总署公告2021年第114号）。

15. 蒙古国输华乳品提供原料乳的奶畜有哪些要求？

答：蒙古国输华乳品提供原料乳的奶畜应符合以下要求：

（一）采集生乳前至少1个月，养殖场无口蹄疫病例或疑似病例；

（二）采集生乳时，养殖场未发现炭疽临床症状；

（三）养殖场无牛结核病、副结核、牛瘟、裂谷热、小反刍兽疫、羊天花、传染性牛胸膜肺炎；

（四）养殖场受蒙古国技术监督总局监管；

（五）养殖场及其周边地区未因动物疾病按《OIE陆生动物卫生法典》和蒙古国动物卫生法规规定而受到检疫限制。

文件依据：《关于进口蒙古国乳品检验检疫要求的公告》（海关总署公告2022年第23号）。

16. 允许进口的蒙古国乳品有哪些？

答：蒙古国输华乳品是指原产于蒙古国，以经过适当热处理的奶牛乳、山羊乳和绵羊乳为主要原料加工而成的乳及乳制品，包括灭菌乳、调制乳、发酵乳、干酪及再制干酪、稀奶油、奶油、无水奶油、炼乳、乳粉、乳清粉和乳清蛋白粉、牛初乳粉等。

文件依据：《关于进口蒙古国乳品检验检疫要求的公告》（海关总署公告2022年第23号）。

17. 进口乳品需随附什么卫生证书？

答：进口乳品需随附出口国家或者地区主管部门出具的卫生证书。证书应当有出口国家或者地区主管部门印章和其授权人签字，目的地应当标明为中华人民共和国。

文件依据：《关于明确进口乳品检验检疫有关要求的公告》（海关总署公告2021年第114号）。

18. 境外发生的食品安全事件可能对我国境内造成影响，或者在进口食品、食品添加剂、食品相关产品中发现严重食品安全问题的，国家出入境检验检疫部门应当及时进行风险预警，并可以对相关的食品、食品添加剂、食品相关产品采取哪些控制措施？

答：可以采取以下控制措施：

（一）退货或者销毁处理；

（二）有条件地限制进口；

（三）暂停或者禁止进口。

文件依据：《中华人民共和国食品安全法实施条例》（国务院令第557号）。

19. 海关依据进出口商品检验相关法律、行政法规的规定对进口食品实施合格评定，合格评定活动具体有哪些？

答：进口食品合格评定活动包括：向中国境内出口食品的境外国家（地区）[以下简称境外国家（地区）]食品安全管理体系评估和审查、境外生产企业注册、进出口商备案和合格保证、进境动植物检疫审批、随附合格证明检查、单证审核、现场查验、监督抽检、进口和销售记录检查以及各项的组合。

文件依据：《中华人民共和国进出口食品安全管理办法》（海关总署令第249号）。

20. 智利输华牛肉产品包装有哪些要求?

答：产品必须用符合中国、智利和国际卫生标准的全新材料包装，且应有单独的内包装。内包装上应当有牢固、清晰、易辨的中英文或者中文和西班牙文标识，标明品名、产地国、生产企业注册编号、生产批号；外包装上应当以中文标明产品名、产品的规格、产地（具体到州/省/市）、生产企业注册编号、生产批号、目的地（目的地应当标明为中华人民共和国）、生产日期（年/月/日）、保质期限、贮存温度等内容，加施智利官方检验检疫标识。预包装肉类产品还应符合中国关于预包装食品标签的法律法规和标准的要求。

文件依据：《关于进口智利牛肉检验检疫要求的公告》（海关总署公告2022年第18号）。

21. 智利输华牛肉的活牛须符合哪些条件?

答：智利输华牛肉的活牛须符合以下条件：

（一）出生、饲养并屠宰于智利，具有唯一身份标识，可追溯到其来源农场；

（二）来自宰前12个月内未发生过布鲁氏菌病、Q热、结核病、副结核病、炭疽、牛病毒性腹泻/黏膜病、牛生殖道弯曲杆菌病、牛传染性鼻气管炎和牛白血病，过去24个月内未发生旋毛虫病临床病例的农场；

（三）来自宰前6个月内未因发生中国、智利动物卫生法规及世界动物卫生组织列出的疫病及传染病，存在可疑畜群感染或确认感染而受到检疫限制或监测的场所；

（四）屠宰前至少14天没有接种过炭疽活疫苗；

（五）从未饲喂过含有反刍动物来源的肉骨粉和油渣；

（六）从未使用过中国和（或）智利禁止或未批准使用的兽药和（或）饲料添加剂；

（七）在运往屠宰场过程中和在屠宰场里，没有接触过不符合《关于进口智利牛肉检验检疫要求的公告》（海关总署公告2022年第18号）中规定的牛以及来自未在华注册企业的牛和其他种类动物。

文件依据：《关于进口智利牛肉检验检疫要求的公告》（海关总署公告2022年第18号）。

22. 进口古巴的蜂蜜产品证书、产品包装及标识有什么要求？

答：每一批产品应至少随附一份正本卫生证书，证明该批次产品符合中国和古巴卫生相关法律法规及《中华人民共和国海关总署和古巴共和国农业部关于输华蜂蜜的检验检疫和卫生要求议定书》的有关规定。卫生证书用中文、西班牙文和英文写成，卫生证书的格式、内容须事先获得双方认可。产品必须用符合中国食品安全国家标准的食品接触材料包装。包装须密封，并应当以中文标明品名、规格、产地（州/省/市）、生产企业注册编号、生产批号、目的地（目的地应当标明为中华人民共和国）、生产日期（年/月/日）、保质期等内容。预包装产品标签还应符合中国关于预包装食品标签的法律法规和标准的要求。

文件依据：《关于进口古巴蜂蜜检验检疫要求的公告》（海关总署公告2022年第119号）。

23. 智利输华冷冻水果速冻处理、包装和装运有哪些要求？

答： 冷冻水果速冻处理程序应在智利农业部农业和畜牧业局（SAG）或其授权人员监管下进行，具体程序见《关于进口智利冷冻水果检验检疫要求的公告》（海关总署公告2022年第10号）附件。冷冻水果须使用新的、干净卫生的材料包装，符合相关安全卫生国际食品标准，以减少污染。每个包装箱上应使用英文标注水果名称、出口国、果园或其注册号、产地、加工厂、出口商和加工日期。每个托盘上用中文或英文注明输往中华人民共和国（Exported to the People's Republic of China）。若没有采用托盘，则每个包装箱上应用同样的标记。若使用了木质包装，须符合国际植物检疫措施标准第15号（ISPM 15）规定。

文件依据：《关于进口智利冷冻水果检验检疫要求的公告》（海关总署公告2022年第10号）。

24. 斯洛伐克输华羊肉有什么要求？

答：斯洛伐克输华羊肉需符合以下要求。

（一）生产输华羊肉的活羊从未使用过中国和斯洛伐克禁止使用的兽药和饲料添加剂。在屠宰前，未使用注射压缩空气或气体进入颅腔击晕或脑脊髓刺入法处死。

（二）按照中国和斯洛伐克的有关法律法规，对用于生产输华羊肉的屠宰活羊实施宰前宰后检验，证明所有屠宰活羊是健康的，没有任何传染病、寄生虫病的临床症状，胴体和脏器无病理变化，且胴体上的主要淋巴、腺体组织已去除。头（包括大脑、神经节和眼）、脊柱（包括神经节和脊髓）、扁桃体、胸腺、脾、小肠、肾上腺、胰腺和肝脏等物质，按照欧盟和斯洛伐克的法规以避免污染的安全、卫生的方式去除。

（三）执行斯洛伐克国家残留监控计划，证明产品中兽药、农药、重金属、持久性有机污染物（POPs）及其他有毒有害物质的残留不超过中国和斯洛伐克要求的最高残留限量（MRLs）。

（四）未受病原微生物污染，符合中国和斯洛伐克法律法规及国际标准的要求。

（五）符合卫生和安全标准，适合人类食用。

文件依据：《关于进口斯洛伐克羊肉检验检疫要求的公告》（海关总署公告2021年第27号）。

25. 进口智利鲜食水果途经第三国转运输华的海空联运运输有哪些要求?

答: 途经第三国转运输华的海空联运运输应符合以下要求。

(一)采用海空联运的输华水果须获得途经美国许可,并保证货物和包装材料在过境美国期间不会被开包检查。

(二)采用海空联运的输华水果由海运冷藏船运抵美国,再通过空运运抵中国,须保持全程冷链运输,并保障植物检疫安全和货物原包装完整性。

(三)采用海空联运的输华水果允许在美国的入境海港为洛杉矶(Long Beach / San Pedro)和费城(Holts / Wilmington / Tioga)。

(四)采用海空联运的输华水果在美国的起运机场为洛杉矶国际机场、纽约国际机场和费城国际机场。

(五)所有由智方封识的包装和货物,自美国海港运至美国机场,需以密闭方式运输,且托盘必须保持完好状态(塑料薄膜或防虫网不得破裂)。

所有由智方封识的包装和货物需在未开启条件下装入航空舱内,运至海关总署允许进口水果的机场。

文件依据:《关于进口智利鲜食水果途经第三国转运输华的海空联运检疫要求的公告》(海关总署公告2018年第204号)。

26. 出入境特殊物品包括哪些？

答： 出入境特殊物品包括微生物、人体组织、生物制品、血液及其制品四大类别。

微生物是指病毒、细菌、真菌、放线菌、立克次氏体、螺旋体、衣原体、支原体等医学微生物菌（毒）种及样本以及寄生虫、环保微生物菌剂。

人体组织是指人体细胞、细胞系、胚胎、器官、组织、骨髓、分泌物、排泄物等。

生物制品是指用于人类医学、生命科学相关领域的疫苗、抗毒素、诊断用试剂、细胞因子、酶及其制剂以及毒素、抗原、变态反应原、抗体、抗原-抗体复合物、核酸、免疫调节剂、微生态制剂等生物活性制剂。

血液及其制品是指人类的全血、血浆成分和特殊血液成分以及各种人类血浆蛋白制品。

文件依据：《出入境特殊物品卫生检疫管理规定》（国家质检总局令第160号）。

27. 出入境特殊物品卫生检疫管理包括哪些措施？

答： 出入境特殊物品卫生检疫监督管理遵循风险管理原则，在风险评估的基础上根据风险等级实施检疫审批、检疫查验和监督管理。

文件依据：《出入境特殊物品卫生检疫管理规定》（国家质检总局令第160号）。

28. 入境特殊物品卫生检疫审批单由谁向海关申请？

答：入境特殊物品的货主或者其代理人应当在特殊物品交运前向目的地直属海关申请特殊物品审批。举两个例子：1.某科研单位以自身名义进口报关报检，收货单位和使用单位均为科研单位，申请人为该科研单位。2.某医药销售公司作为收货人进口报关报检，货物进口后不是由自身企业使用，而是销售给国内其他单位，此种情况下收货单位与使用单位不同，货主为该医药销售公司，申请人为该医药销售公司。

文件依据：《出入境特殊物品卫生检疫管理规定》（国家质检总局令第160号）。

29. 出境特殊物品卫生检疫审批单由谁向海关申请？

答：出境特殊物品的货主或者其代理人应当在特殊物品交运前向其所在地直属海关申请特殊物品审批。出入境特殊物品的货主是出入境特殊物品的科研、生产、医疗、检验、医药研发外包、销售公司或个人。出境特殊物品的货主与该批特殊物品的生产、加工单位不一致的，申请人可以是该批货物销售单位，也可以是货物的实际生产、加工单位（病原微生物除外）。举个例子：某销售公司从某生物医药企业购买了一批生物制剂出口，在办理出境特殊物品卫生检疫审批单时，申请人可以是该销售公司，也可以是该生物医药企业。

文件依据：《出入境特殊物品卫生检疫管理规定》（国家质检总局令第160号）。

30. 应向哪个部门申请出入境特殊物品卫生检疫审批？

答：各直属海关负责受理本辖区范围内入境、出境特殊物品申请单位提交的卫生检疫审批申请，审批通过后出具的卫生检疫审批单全国范围内通用。

文件依据：《出入境特殊物品卫生检疫管理规定》（国家质检总局令第160号）。

31. 出入境卫生检疫审批需要提供哪些材料？

答：申请办理出入境卫生检疫审批需提供以下材料：
（一）《入/出境特殊物品卫生检疫审批申请表》；
（二）出入境特殊物品描述性材料，包括特殊物品中英文名称、类别、成分、来源、用途、主要销售渠道、输出输入的国家或者地区、生产商等；

（三）入境用于预防、诊断、治疗人类疾病的生物制品、人体血液制品，应当提供国务院药品监督管理部门发给的进口药品注册证书；

（四）入境、出境特殊物品含有或者可能含有病原微生物的，应当提供病原微生物的学名（中文和拉丁文）、生物学特性的说明性文件（中英文对照件）以及生产经营者或者使用者具备相应生物安全防控水平的证明文件；

（五）出境用于预防、诊断、治疗的人类疾病的生物制品、人体血液制品，应当提供药品监督管理部门出具的销售证明；

（六）出境特殊物品涉及人类遗传资源管理范畴的，应当取得人类遗传资源管理部门出具的批准文件，海关对有关批准文件电子数据进行系统自动比对验核；

（七）使用含有或者可能含有病原微生物的出入境特殊物品的单位，应当提供与生物安全风险等级相适应的生物安全实验室资质证明，BSL-3级以上实验室必须获得国家认可机构的认可；

（八）出入境高致病性病原微生物菌（毒）种或者样本的，应当提供省级以上人民政府卫生主管部门的批准文件。

文件依据：《出入境特殊物品卫生检疫管理规定》（国家质检总局令第160号）。

32. 特殊物品卫生检疫审批单的办结时限是多久？

答：根据《出入境特殊物品卫生检疫管理规定》中审批办结时限的要求，直属海关应当自受理申请之日起20个工作日内作出是否许可的决定。申请人的申请不符合法定条件、标准的，直属海关应当自受理之日起20日内作出不予审批的书面决定并说明理由，告知申请人享有依法申请行政复议或者提起行政诉讼的权利。直属海关20日内不能作出审批或者不予审批决定的，经本行政机关负责人批准，可以延长10日，并应当将延长期限的理由告知申请人。

文件依据：《出入境特殊物品卫生检疫管理规定》（国家质检总局令第160号）。

33. 出入境特殊物品分为哪几个风险等级？

答：海关根据特殊物品致病性、致病途径、使用方式和用途以及可控性等风险因素，将特殊物品划分为A、B、C、D四个级别。

34. 不同等级的出入境特殊物品，在申请和审批方面有什么要求？

答：A级出入境特殊物品检疫审批，需核查相关主管部门批准文件，审批有效期为3个月，审批单有效使用次数为1次，不能分批核销。B级出入境特殊物品检疫审批，需提供风险评估报告或卫生行政主管部门批文或环境部门批文，审批有效期为6个月，审批单有效使用次数为多次，允许分批核销。C级出入境特殊物品检疫审批，审批单有效期为12个月，审批单有效使用次数为多次，允许分批核销。D级出入境特殊物品检疫审批，需核查药品监督管理部门的批准文件，审批单有效期为12个月，审批单有效使用次数为多次，允许分批核销。

35. 哪些特殊物品需要实施后续监管？

答：含有或者可能含有病原微生物、毒素等生物安全危害因子的入境特殊物品，口岸海关实施现场查验后应当及时电子转单给目的地海关。目的地海关应当实施后续监管。即入境的风险等级为A级和B级的特殊物品都需要实施后续监管。

文件依据：《出入境特殊物品卫生检疫管理规定》（国家质检总局令第160号）。

36. 对于需实施后续监管的入境特殊物品，使用单位在后续监管时应该如何配合海关？

答：需实施后续监管的入境特殊物品，其使用单位应当在特殊物品入境后30日内，到目的地海关申报，由目的地海关实施后续监管。海关对入境特殊物品实施的后续监管内容包括：

（一）使用单位的实验室是否与《入/出境特殊物品卫生检疫审批单》一致；

（二）入境特殊物品是否与《入/出境特殊物品卫生检疫审批单》货证相符。

以上内容可提供相应证明材料供海关验核。

文件依据：《出入境特殊物品卫生检疫管理规定》（国家质检总局令第160号）。

37. 企业在"海关特殊物品出入境卫生检疫审批与分析系统"里已完成单位信息的审核，申请人信息状态为"待现场考核"，是否需要完成现场考核后才能申请审批单？

答：现场考核由企业属地海关根据实际情况安排。企业处于"待现场考核"状态时可以继续申请特殊物品出入境卫生检疫审批单。

38. 某人出境时随身携带了少量自用的胰岛素，用于治疗糖尿病，是否需要办理特殊物品出入境卫生检疫审批？

答：携带自用且仅限于预防或者治疗疾病用的血液制品或者生物制品出入境的，不需要办理卫生检疫审批手续，出入境时应当向海关出示医院的有关证明；允许携带量以处方或者说明书确定的一个疗程为限。

文件依据：《出入境特殊物品卫生检疫管理规定》（国家质检总局令第160号）、《药品进口管理办法》（国家食品药品监督管理局 海关总署令第4号）。

39. 邮寄渠道的自用特殊物品，是否需要办理特殊物品出入境卫生检疫审批？

答：需要。目前仅针对携带自用且仅限于预防或者治疗疾病用的血液制品或者生物制品出入境的，无须办理卫生检疫审批手续。寄递渠道出入境的特殊物品，暂时没有"不需要办理卫生检疫审批手续"的豁免。

文件依据：《出入境特殊物品卫生检疫管理规定》（国家质检总局令第160号）。

40. 特殊物品进出境怎么办理报检手续？

答：入境特殊物品到达口岸后，货主或者其代理人应当凭《入/

出境特殊物品卫生检疫审批单》及其他材料向入境口岸海关报检。出境特殊物品的货主或者其代理人应当在出境前凭《入/出境特殊物品卫生检疫审批单》及其他材料向其所在海关报检。报检材料不齐全或者不符合法定形式的，海关不予入境或者出境。

文件依据：《出入境特殊物品卫生检疫管理规定》（国家质检总局令第160号）。

41. 个人是否可以申请病原微生物入境？

答：不可以。出入境病原微生物或者可能含有病原微生物的特殊物品，其申请人不得为自然人。

文件依据：《出入境特殊物品卫生检疫管理规定》（国家质检总局令第160号）。

42. 某生物技术有限公司拟进口用于液相色谱检测的配制试剂，成分为有机溶液，商品编号为3822190090，在通关时系统提示需提交《特殊物品审批单》，需要办理吗？

答：该试剂成分为有机溶液，不含其他特殊物品成分，故该物品属于"其他化工产品"，13位检验检疫编码应选择3822190090406，正确选择检验检疫编码后无须办理特殊物品卫生检疫审批。

文件依据：《关于公布〈特殊物品海关检验检疫名称和商品编号对应名录〉的公告》（海关总署公告2023年第28号）。

43. 血液制品是否可以过境？

答：为筑牢口岸检疫防线，保障我国生物安全，根据《中华人民共和国国境卫生检疫法》及其实施细则规定，微生物、人体组织、生物制品、血液及其制品等特殊物品生物安全风险较高，禁止过境。

文件依据：《关于禁止特殊物品过境相关事宜的公告》（海关总署公告2019年第180号）。

44. 某人近期打算出国，需要办理《国际旅行健康检查证明书》（健康证）吗？

答：凡申请出境居住1年以上的中国籍人员，必须持有卫生检疫机关签发的健康证明。中国公民出境、入境管理机关凭卫生检疫机关签发的健康证明办理出境手续。

文件依据：《中华人民共和国国境卫生检疫法实施细则》（卫生部令第2号）。

45. 出入境人员需要海关进行健康申报吗？

答：根据《中华人民共和国国境卫生检疫法》及其实施细则的有关规定，海关总署决定自2023年11月1日零时起，出入境人员免于填报《中华人民共和国出/入境健康申明卡》，但有发热、咳嗽、呼吸困难、呕吐、腹泻、皮疹、不明原因皮下出血等传染病症状，或已经诊断患有传染性疾病的出入境人员须主动向海关进行健康申报，并配合海关做好体温检测、流行病学调查、医学排查、采样检测等卫生检疫工作。

文件依据：《关于优化调整健康申报模式的公告》（海关总署公告2023年第151号）。

46. 健康申报可否通过线上办理？

答：可以。用微信搜索或微信扫描二维码进入"掌上海关"小程序或"海关旅客指尖服务"小程序，也可通过"出入境健康申报"网页版进行申报。健康申报二维码申报后24小时内有效，超时需重新申报。

47. 申请来华居留的境外人员应当办理什么手续？

答：申请来华居留的境外人员，应当到海关进行健康体检，凭海关出具的有效健康检查证明到公安机关办理居留手续。

文件依据：《口岸艾滋病预防控制管理办法》（国家质检总局令第96号）。

48. 哪些单位或个人要申请国境口岸卫生许可证？

答：国境口岸从事食品生产（含航空配餐）、食品销售（含入/出境交通工具食品供应）、餐饮服务（食品摊贩除外）、饮用水供应、公共场所经营的单位或者个人。

文件依据：《国境口岸卫生许可管理办法》（国家质检总局令第182号）。

49. 进口化妆品出现什么情况会加严抽样查验？

答：进口化妆品的抽样应当按照国家有关规定执行，样品数量应当满足检验、复验、备查等使用需要。以下情况，应当加严抽样：

（一）首次进口的；

（二）曾经出现质量安全问题的；

（三）进口数量较大。

抽样时，海关应当出具印有序列号、加盖检验检疫业务印章的《抽/采样凭证》，抽样人数与收货人或者其代理人双方签字样品应当按照国家相关规定进行管理，合格样品保存至抽样后4个月，特殊用途化妆品合格样品保存至证书签发后1年，不合格样品应当保存至保质期结束。涉及案件调查的样品，应当保存至案件结束。

文件依据：《进出口化妆品检验检疫监督管理办法》（国家质检总局令第143号）。

50. 进口化妆品在哪个海关实施检验检疫？

答：进口化妆品由口岸海关实施检验检疫。海关总署根据便利贸易和进口检验工作的需要，可以指定在其他地点检验。

文件依据：《进出口化妆品检验检疫监督管理办法》（国家质检总局令第143号）。

51. 如何处理检验检疫不合格进口化妆品？

答：进口化妆品经检验检疫不合格，涉及安全、健康、环境保护项目的，由海关责令当事人销毁，或者出具退货处理通知单，由当事人办理退运手续。其他项目不合格的，可以在海关的监督下进行技术处理，经重新检验检疫合格后，方可销售、使用。

文件依据：《进出口化妆品检验检疫监督管理办法》（国家质检总局令第143号）。

52. 向中国出口农药的企业，如何办理通知单？

答：向中国出口农药的企业，由其在中国设立的销售机构或委托中国代理机构办理通知单。涉及多个生产地的，还应提供相应的生产场所信息。

文件依据：《关于优化农药进出口管理服务措施的公告》（农业农村部、海关总署公告第416号）。

53. 列入实施检验的进出口商品目录的进口商品，经商检机构检验后，是否都必须申领《入境货物检验检疫证明》才能销售？

答：列入实施检验的进出口商品目录的进口商品，经商检机构实施检验后，要领取电子或纸质《入境货物检验检疫证明》才能够销售。

文件依据：《中华人民共和国进出口商品检验法》。

54. 某公司在进口食品时被海关查验，经检验机构认定食品存在质量问题。该公司对商品的检验结果有异议怎么办？

答：进出口商品的报检人对出入境检验检疫机构作出的检验结果有异议的，可以自收到检验结果之日起15日内，向作出检验结果的出入境检验检疫机构或者其上级出入境检验检疫机构以至海关总署申请复验，受理复验的出入境检验检疫机构或者海关总署应当自收到复验申请之日起60日内作出复验结论。技术复杂，不能在规定期限内作出复验结论的，经本机构负责人批准，可以适当延长，但是延长期限最多不超过30日。

文件依据：《中华人民共和国进出口商品检验法实施条例》（国务院令第447号）。

55. 如何申请危险货物包装容器性能鉴定？

答：根据《中华人民共和国进出口商品检验法》及其实施条例规定，出口危险货物包装容器的生产企业应当向产地海关申请危险货物包装容器性能鉴定；出口危险货物的生产企业应当向产地海关申请危险货物包装容器使用鉴定。

文件依据：《中华人民共和国进出口商品检验法》。

56. 海关对既是食品或食品添加剂，又是危险化学品的商品有何监管要求？

答：用作食品、食品添加剂的进出口危险化学品，除满足危险化学品检验相关要求外，还应符合食品安全相关规定。

文件依据：《关于进出口危险化学品及其包装检验监管有关问题的公告》（海关总署公告2020年第129号）。

57. 出口危险化学品的发货人或者其代理人向海关报检时，应提供什么材料？

答：出口危险化学品的发货人或者其代理人向海关报检，需提供以下材料：

（一）《出口危险化学品生产企业符合性声明》（样式见海关总署公告2020年第129号附件2）；

（二）《出境货物运输包装性能检验结果单》（散装产品及国际规章豁免使用危险货物包装的除外）；

（三）危险特性分类鉴别报告；

（四）危险公示标签（散装产品除外，下同）、安全数据单样本，如是外文样本，应提供对应的中文翻译件；

（五）对需要添加抑制剂或稳定剂的产品，应提供实际添加抑制剂或稳定剂的名称、数量等情况说明。

文件依据：《关于进出口危险化学品及其包装检验监管有关问题的公告》（海关总署公告2020年第129号）。

58. 出口危险货物包装生产企业的代码是否会体现直属海关信息？

答：出口危险货物包装应带有联合国规定的危险货物包装标记，该标记应包括生产企业代码。海关对出口危险货物包装生产企业实施代码管理，代码应体现生产企业所在区域的直属海关信息。

文件依据：《关于调整出口危险货物包装生产企业代码的公告》

（海关总署公告2019年第15号）。

59. 出口危险货物包装生产企业代码每一位分别代表什么？

答： 生产企业代码由大写英文字母C（代表"Customs"）和6位阿拉伯数字组成，前2位阿拉伯数字代表企业所在区域的直属海关，后4位阿拉伯数字（0001~9999）代表生产企业。

文件依据： 《关于调整出口危险货物包装生产企业代码的公告》（海关总署公告2019年第15号）。

60. 什么是采信机构？

答： 采信机构是指具备海关要求的资质和能力，被海关总署列入采信机构目录的检验机构。采信机构按照海关总署的相关要求开展检验检测活动，其检验检测结果可被海关采信作为合格评定的依据。

文件依据： 《中华人民共和国海关进出口商品检验采信管理办法》（海关总署令第259号）。

61. 检验机构申请列入采信机构目录的,应当通过采信管理系统向海关总署提交哪些材料?

答:申请列入采信机构目录的检验机构,向海关申请时应通过采信管理系统提交以下材料:

(一)申请表;

(二)检验机构法人信息和投资方信息;

(三)相关资质认定或者认可证书以及相关证明材料;

(四)技术能力范围声明,包括相关资质的检验范围、采用的检验方法以及检验标准;

(五)从事检验活动的独立性声明以及相关证明材料;

(六)近3年在国内外无与检验相关违法记录的声明;

(七)商品检验报告的签发人名单。

有关材料为外文的应当随附中文译本。

文件依据:《中华人民共和国海关进出口商品检验采信管理办法》(海关总署令第259号)。

62. 一家境内机构作为其集团全球网点的一部分,包含在集团总部所获得的ISO/IEC 17020认可范围之内,故没有再次申请中国合格评定国家认可委员会(CNAS)的ISO/IEC 17020认可。这种情况下,该机构是否可以申请成为采信机构?

答:境内注册的检验机构应当取得检验检测机构资质认定(CMA)等国内相应资质认定,或者获得中国合格评定国家认可委员会（CNAS）实施的ISO/IEC 17025或者ISO/IEC 17020认可。因此，对于一家中国境内注册、属于独立法人的检验机构，应当满足上述要求后，再申请采信机构。

文件依据：《中华人民共和国海关进出口商品检验采信管理办法》（海关总署令第259号）。

63. 进口涂料备案取消了，海关是否还要对进口涂料进行检查？主要检查内容有哪些？

答：自2022年3月1日起，海关不再受理企业进口涂料备案申请。但涂料备案取消不影响海关对进口涂料的检验监管，具体检验监管条件可以查阅最新版《中华人民共和国进出口税则》。海关进口检查的内容主要包括检查标签/标识、检查外观品质、取样送检等。其中，取样送检建议进口企业对照相应国家标准，准确提供进口涂料用途信息，如室内地坪、船舶、玩具、木器、建筑用墙面、工业防护、车辆等。

文件依据：《海关总署关于废止部分规章的决定》（海关总署令第257号）。

64. 什么是旧机电产品？

答："旧机电产品"是指具有下列情形之一的机电产品：

（一）已经使用（不含使用前测试、调试的设备），仍具备基本功能和一定使用价值的；

（二）未经使用，但是超过质量保证期（非保修期）的；

（三）未经使用，但是存放时间过长，部件产生明显有形损耗的；

（四）新旧部件混装的；

（五）经过翻新的。

文件依据：《进口旧机电产品检验监督管理办法》（国家质检总局令第171号）。

65. 进口旧机电产品由谁管理？

答：根据《进口旧机电产品检验监督管理办法》规定，海关总署主管全国进口旧机电产品检验监督管理工作，主管海关负责所辖地区进口旧机电产品检验监督管理工作。

文件依据：《进口旧机电产品检验监督管理办法》（国家质检总局令第171号）。

66. 进口旧机电产品的装运前检验应当于启运前，在其境外装货地或者发货地，按照我国法律法规和技术规范的强制性要求实施。装运前检验应包括哪些内容？

答：装运前检验主要包括以下内容：

（一）核查产品品名、数量、规格（型号）、新旧、残损等情况是否与合同、发票等贸易文件所列相符。

（二）是否包括、夹带禁止进口货物。

（三）对安全、卫生、健康、环境保护、防止欺诈、能源消耗等项目作出评定：

①属特种设备的，检查是否获得《特种设备制造许可证》或型式试验报告；

②属食品接触机械的，评估产品安全卫生状况是否符合食品安全国家标准；

③属非道路移动机械的，评估其污染物排放是否符合相关强制性要求；

④评估产品是否符合我国能源效率有关限定标准；

⑤核查产品是否符合我国安全准入的其他要求。

文件依据：《进口旧机电产品装运前检验监督管理实施细则》（海关总署公告2020年第127号）。

67. 装运前检验证书及随附的检验报告应当符合哪些要求？

答：企业提供的装运前检验证书及随附的检验报告应符合以下要求：

（一）检验依据准确、检验情况明晰、检验结果真实；

（二）有统一、可追溯的编号；

（三）检验报告应当包含检验依据、检验对象、现场检验情况、装运前检验机构及授权签字人签名等要素；

（四）检验证书及随附的检验报告文字应当为中文，若为中外文对照的，以中文为准；

（五）检验证书应当有明确的有效期限，有效期限由签发机构根据进口旧机电产品情况确定，一般为半年或一年。

工程机械的检验报告除满足上述要求外，还应当逐台列明名称、HS编码、规格型号、产地、发动机号/车架号、制造日期（年）、运行时间（小时）、检测报告、维修记录、使用说明书核查情况等内容。

文件依据：《进口旧机电产品装运前检验监督管理实施细则》（海关总署公告2020年第127号）。

68. 什么是进境木质包装？

答： 木质包装是指用于承载、包装、铺垫、支撑、加固货物的木质材料，如木板箱、木条箱、木托盘、木框、木桶（盛装酒类的橡木桶除外）、木轴、木楔、垫木、枕木、衬木等。

不包括经人工合成或者经加热、加压等深度加工的包装用木质材料（如胶合板、刨花板、纤维板等）、薄板旋切芯、锯屑、木丝、刨花等，以及厚度等于或者小于6mm的木质材料。

文件依据：《进境货物木质包装检疫监督管理办法》（国家质检总局令第84号）。

69. 进境货物使用木质包装的是否需要加施国际植物保护公约（IPPC）标识？

答： 进境货物使用木质包装的，应当在输出国家或者地区政府检疫主管部门监督下按照IPPC的要求进行除害处理，并加施IPPC专用标识。除害处理方法和专用标识应当符合相关规定。

文件依据：《进境货物木质包装检疫监督管理办法》（国家质检总局令第84号）。

70. 进境货物使用木质包装的，报检后海关如何处理？

答： 进境货物使用木质包装的，货主或者其代理人应当向海关报检。海关按照以下情况处理：

（一）对已加施IPPC专用标识的木质包装，按规定抽查检疫，未发现活的有害生物的，立即予以放行；发现活的有害生物的，监督货主或者其代理人对木质包装进行除害处理。

（二）对未加施IPPC专用标识的木质包装，在海关监督下对木质包装进行除害处理或者销毁处理。

（三）对报检时不能确定木质包装是否加施IPPC专用标识的，海关按规定抽查检疫。经抽查确认木质包装加施了IPPC专用标识，且未发现活的有害生物的，予以放行；发现活的有害生物的，监督货主或者其代理人对木质包装进行除害处理。经抽查发现木质包装未加施IPPC专用标识的，对木质包装进行除害处理或者销毁处理。

文件依据：《进境货物木质包装检疫监督管理办法》（国家质检总局令第84号）。

71. 入境口岸海关对进口汽车的检验包括哪些内容？

答：检验内容主要有一般项目检验、安全性能检验和品质检验。

（一）一般项目检验。在进口汽车入境时逐台核查安全标志，并进行规格、型号、数量、外观质量、随车工具、技术文件和零备件等项目的检验。

（二）安全性能检验。按国家有关汽车的安全环保等法律法规、强制性标准和《进出口汽车安全检验规程》（SN/T 0792—1999）实施检验。

（三）品质检验。品质检验及其标准、方法等应在合同或合同附件中明确规定，进口合同无规定或规定不明确的，按《进出口汽车品质检验规程》（SN/T 0791—1999）检验。整批第一次进口的新型号汽车总数大于300台（含300台，按同一合同、同一型号、同一生产厂家计算）或总值大于100万美元（含100万美元）的必须实施品质检验。批量总数小于300台或总值小于100万美元的新型号进口汽车和非首次进口的汽车，海关视质量情况，对品质进行抽查检验。

文件依据：《进口汽车检验管理办法》（国家出入境检验检疫局令第1号）。

72. 进口电池等商品时,海关监管有什么特殊要求?

答:自2020年10月1日起,海关对进口电池等商品质量安全监管方式进行调整,需注意以下几点要求:

(一)收货人在申报时可以按照自愿原则声明进口商品符合中国相关法律法规和技术规范的强制性要求,并向海关提交电子版或纸质《企业质量安全自我声明》。

(二)对收货人提交《企业质量安全自我声明》的进口商品,海关实施合格评定时,重点现场验核货物规格型号与声明内容的一致性,对涉及中国强制性产品认证的商品同时验核货证一致性,必要时实施抽样送检。

(三)对收货人未提交《企业质量安全自我声明》的进口商品,海关仍采用现行的检验监管方式。

文件依据:《关于优化电池等进口商品质量安全检验监管方式的公告》(海关总署公告2020年第102号)。

73. 输入保税区的应检物的检验检疫有哪些要求?

答:具体检验检疫要求如下:

(一)从境外进入保税区的应检物,属于卫生检疫范围的,由海关实施卫生检疫;应当实施卫生处理的,在海关的监督下,依法进行卫生处理。

(二)从境外进入保税区的应检物,属于动植物检疫范围的,由海关实施动植物检疫；应当实施动植物检疫除害处理的，在海关的监督下，依法进行除害处理。

（三）海关对从境外进入保税区的可以用作原料的固体废物、旧机电产品、成套设备实施检验和监管，对在保税区内存放的货物不实施检验。

（四）保税区内企业从境外进入保税区的仓储物流货物以及自用的办公用品、出口加工所需原材料、零部件免予实施强制性产品认证。

文件依据：《保税区检验检疫监督管理办法》（国家质检总局令第71号）。

74. 输出保税区的应检物的检验检疫有哪些要求？

答：具体检验检疫要求如下：

（一）从保税区输往境外的应检物，海关依法实施检验检疫。

（二）从保税区输往非保税区的应检物，除法律法规另有规定的，不实施检疫。

（三）从保税区输往非保税区的应检物，属于实施食品卫生监督检验和商品检验范围的，海关实施检验。对于集中入境分批出区的货物，可以分批报检，分批检验；符合条件的，可以于入境时集中报检，集中检验，经检验合格的出区时分批核销。

（四）按照《保税区检验检疫监督管理办法》第九条的规定，

在入境时已经实施检验的保税区内的货物，输往非保税区的，不实施检验。

从非保税区进入保税区的货物，又输往非保税区的，不实施检验。

（五）从保税区输往非保税区的应检物，列入强制性产品认证目录的，应当取得相应的认证证书，其产品上应当加贴强制性产品认证标志。海关对相应认证证书电子数据进行系统自动比对验核。

（六）从非保税区进入保税区后不经加工直接出境的，已取得产地海关签发的检验检疫合格证明的，保税区海关不再实施检验检疫。超过检验检疫有效期、变更输入国家或地区并又有不同检验检疫要求、改换包装或重新拼装、已撤销报检的，应当按规定重新报检。

（七）保税区内企业加工出境产品，符合有关规定的，可以向海关申请签发普惠制原产地证书或者一般原产地证书、区域性优惠原产地证书、专用原产地证书等。

文件依据：《保税区检验检疫监督管理办法》（国家质检总局令第71号）。

75. 经保税区转口的应检物的检验检疫有哪些要求？

答：具体检验检疫要求如下：

（一）经保税区转口的动植物、动植物产品和其他检疫物，入境报检时应当提供输出国家或者地区政府部门出具的官方检疫证书；转口动物的，还应当取得海关总署签发的《动物过境许可证》，并在入境报检时提供输入国家或者地区政府部门签发的允许进境的证明。

（二）经保税区转口的应检物，在保税区短暂仓储，原包装转口出境并且包装密封状况良好，无破损、撒漏的，入境时仅实施外包装检疫，必要时进行防疫消毒处理。

（三）经保税区转口的应检物，由于包装不良以及在保税区内经分级、挑选、刷贴标签、改换包装形式等简单加工的原因，转口出境的，海关实施卫生检疫、动植物检疫以及食品卫生检验。

（四）转口应检物出境时，除法律法规另有规定和输入国家或者地区政府要求入境时出具中国海关签发的检疫证书或者检疫处理证书的以外，一般不再实施检疫和检疫处理。

文件依据：《保税区检验检疫监督管理办法》（国家质检总局令第71号）。

76. 申请办理进境动植物检疫审批手续的单位需要什么资质？

答：申请办理检疫审批手续的单位应当是具有独立法人资格并直接对外签订贸易合同或者协议的单位。

过境动物的申请单位应当是具有独立法人资格并直接对外签

订贸易合同或者协议的单位或者其代理人。

文件依据：《进境动植物检疫审批管理办法》（国家质检总局令第25号）。

77. 《动植物检疫许可证》的有效期是多长时间？

答：《动植物检疫许可证》的有效期为12个月或者1次有效。

文件依据：《进境动植物检疫审批管理办法》（国家质检总局令第25号）。

78. 进境动植物检疫审批的办理时限是多久？

答：海关总署及其授权的直属海关自受理申请之日起20日内作出准予许可或者不予许可决定。20日内不能作出决定的，经海关总署负责人或者授权的直属海关负责人批准，可以延长10日，并应当将延长期限的理由告知申请单位。

文件依据：《进境动植物检疫审批管理办法》（国家质检总局令第25号）。

79. 在什么情况下，申请单位需要重新申请办理《动植物检疫许可证》？

答：有下列情况之一的，申请单位应当重新申请办理《动植物检疫许可证》：

（一）变更进境检疫物的品种或者超过许可数量百分之五以上的；

（二）变更输出国家或者地区的；

（三）变更进境口岸、指运地或者运输路线的。

文件依据：《进境动植物检疫审批管理办法》（国家质检总局令第25号）。

80. 进口粮食对境外企业有什么要求？

答：海关总署对进境粮食境外生产、加工、存放企业（以下简称境外生产加工企业）实施注册登记制度。境外生产加工企业应当符合输出国家或者地区法律法规和标准的相关要求，并达到中国有关法律法规和强制性标准的要求。实施注册登记管理的进境粮食境外生产加工企业，经输出国家或者地区主管部门审查合格后向海关总署推荐。海关总署收到推荐材料后进行审查确认，符合要求的国家或者地区的境外生产加工企业，予以注册登记。

文件依据：《进出境粮食检验检疫监督管理办法》（国家质检总局令第177号）。

81. 进境粮食境外生产加工企业注册登记有效期是多久？

答：进境粮食境外生产加工企业注册登记有效期为4年。

文件依据：《进出境粮食检验检疫监督管理办法》（国家质检总局令第177号）。

82. 进境粮食是否有口岸限制？

答：进境粮食应当从海关总署指定的口岸入境。

文件依据：《进出境粮食检验检疫监督管理办法》（国家质检总局令第177号）。

83. 进境粮食存放、加工企业向哪个部门申请办理备案？

答：拟从事进境粮食存放、加工业务的企业可以向所在地主管海关提出指定申请。

文件依据：《进出境粮食检验检疫监督管理办法》（国家质检总局令第177号）。

84. 进境粮食是否可以进行随航熏蒸处理？

答：进境粮食可以进行随航熏蒸处理。
现场查验前，进境粮食承运人或者其代理人应当向进境口岸海关书面申报进境粮食随航熏蒸处理情况，并提前实施通风散气。未申报的，海关不实施现场查验；经现场检查，发

现熏蒸剂残留物,或者熏蒸残留气体浓度超过安全限量的,
暂停检验检疫及相关现场查验活动;熏蒸剂残留物经有效
清除且熏蒸残留气体浓度低于安全限量后,方可恢复现场
查验活动。

文件依据:《进出境粮食检验检疫监督管理办法》(国家质检总局令第177号)。

85. 出境粮食生产加工企业是否要办理注册备案?

答:输入国家或者地区要求中国对向其输出粮食生产、加工、存放企业注册登记的,直属海关负责组织注册登记,并向海关总署备案。

文件依据:《进出境粮食检验检疫监督管理办法》(国家质检总局令第177号)。

86. 出境粮食加工、仓储企业注册登记设立申请在哪个平台操作?

答:通过海关总署门户网站—互联网+海关—我要办—行政审批—出境特定动植物及其产品、其他检疫物的生产、加工、存放单位注册登记—出境植物及其产品、其他检疫物的生产加工存放单位注册登记。同时"互联网+海关"网站有办事指南可下载参考。

87. 出境粮食检验有效期是多久？

答：出境粮食检验有效期最长不超过2个月；检疫有效期原则定为21天，黑龙江、吉林、辽宁、内蒙古和新疆地区冬季（11月至次年2月底）可以酌情延长至35天。超过检验检疫有效期的粮食，出境前应当重新报检。

文件依据：《进出境粮食检验检疫监督管理办法》（国家质检总局令第177号）。

88. 企业打算进口粮食，哪里可以查询输华准入名单？

答：可以通过海关总署门户网站—动植物检疫司—动植物检疫要求和警示信息—准予进口农产品名单—准予进口粮食（含籽实类和块茎类粮食、油籽）和植物源性饲料种类及输出国家或地区名录查询。该名录由海关总署根据实际情况实施动态管理。

89. 我国准予进口的中药材种类及输出国家和地区有哪些？

答：根据《进出境中药材检疫监督管理办法》，海关总署对进境中药材实施检疫准入制度。

准入名单查询路径：海关总署门户网站—动植物检疫司—动植物检疫要求和警示信息—获得我国检疫准入动植物源性药

材种类及输出国家地区名录。该名录由海关总署根据实际情况实施动态管理。

文件依据：《进出境中药材检疫监督管理办法》(国家质检总局令第169号)。

90. 进口药食同源的中药材，如何确定能否申报为药用？

答：海关总署对进出境中药材实施用途申报制度。

中药材进出境时，企业应当向主管海关申报预期用途，明确"药用"或者"食用"。申报为"药用"的中药材应为列入《中华人民共和国药典》药材目录的物品。申报为"食用"的中药材应为国家法律、行政法规、规章、文件规定可用于食品的物品。

文件依据：《进出境中药材检疫监督管理办法》(国家质检总局令第169号)。

91. 海关对中药材进境和销售、加工记录保存期限的要求是多长时间？

答：境内货主或者其代理人应当建立中药材进境和销售、加工记录制度，做好相关记录并至少保存2年。同时应当配备中药材防疫安全管理人员，建立中药材防疫管理制度。

文件依据：《进出境中药材检疫监督管理办法》(国家质检总局令第169号)。

92. 进口棉花，境外企业需要向海关办理相关手续备案吗？如何办理？

答：国家对进口棉花的境外供货企业实施质量信用管理，对境外供货企业可以实施登记管理。

可以通过海关总署门户网站—互联网+海关—企业管理和稽查—境外主体备案及其他监管—进口棉花境外供货企业登记办理。

文件依据：《进口棉花检验监督管理办法》（国家质检总局令第151号）。

93. 进口棉花境外供货企业应符合什么资质？

答：申请登记的进口棉花境外供货企业应当具备以下条件：

（一）具有所在国家或者地区合法经营资质；

（二）具有固定经营场所；

（三）具有稳定供货来源，并有相应质量控制体系；

（四）熟悉中国进口棉花检验相关规定。

文件依据：《进口棉花检验监督管理办法》（国家质检总局令第151号）。

94. 如何查询已登记的进口棉花境外供货企业名单？

答：通过海关总署门户网站—商品检验司—进出口商品检验信息，查看《准予登记和准予延续的进口棉花境外供货企业名单》。该信息由海关总署根据实际情况实施动态管理。

95. 如何办理出境竹木草制品生产加工企业注册登记？

答：企业可以通过"互联网+海关"一体化网上办事平台进行办理。具体操作路径：海关总署门户网站—互联网+海关—办事指南—行政审批—出境特定动植物及其产品和其他检疫物的生产、加工、有效单位注册登记—出境植物及其产品、检疫物的生产、加工、存放单位注册登记。

96. 竹木草制品的风险等级是如何划分的？

答：根据生产加工工艺及防疫处理技术指标等，竹木草制品分为低、中、高3个风险等级。

（一）低风险竹木草制品：经脱脂、蒸煮、烘烤及其他防虫、防霉等防疫处理的。

（二）中风险竹木草制品：经熏蒸或者防虫、防霉药剂处理等防疫处理的。

（三）高风险竹木草制品：经晾晒等其他一般性防疫处理的。

文件依据：《出境竹木草制品检疫管理办法》（国家质检总局令第45号）。

97. 出境竹木草制品生产加工企业的类别是如何划分的？

答：海关对出境竹木草制品的企业进行评估、考核，将企业分为一类、二类、三类3个企业类别。

（一）一类企业应当具备以下条件：

①遵守检验检疫法律法规等有关规定。

②应当建立完善的质量管理体系，包括生产、加工、存放等环节的防疫措施及厂检员管理制度等。

③配备专职的厂检员，负责生产、加工、存放等环节防疫措施的监督、落实及产品厂检工作。

④在生产过程中采用防虫、防霉加工工艺，并配备与其生产能力相适应的防虫、防霉处理设施及相关的检测仪器。

⑤原料、生产加工、成品存放场所，应当专用或者相互隔离，并保持环境整洁、卫生。

⑥年出口批次不少于100批。

⑦检验检疫年批次合格率达99%以上。

⑧海关依法规定的其他条件。

（二）二类企业应当具备以下条件：

①遵守检验检疫法律法规等有关规定。

②企业建立质量管理体系，包括生产、加工、存放等环节的防疫措施及厂检员管理制度等。

③配备专职或者兼职的厂检员，负责生产、加工、存放等环节防疫措施的监督、落实及产品厂检工作。

④在生产过程中采用防虫、防霉加工工艺，具有防虫、防霉处理设施。

⑤成品存放场所应当独立，生产加工环境整洁、卫生。

⑥年出口批次不少于30批次。

⑦检验检疫年批次合格率达98%以上。

⑧海关依法规定的其他条件。

（三）不具备一类或者二类条件的企业以及未申请分类考核的企业定为三类企业。

文件依据：《出境竹木草制品检疫管理办法》（国家质检总局令第45号）。

98. 某企业是竹木草制品加工企业，在海关的企业类别是一类企业，竹木草制品的风险等级是低风险产品，该企业出境竹木草制品抽查比例是多少？

答：根据企业的类别和竹木草制品的风险等级，出境竹木草制品的批次抽查比例如下：

（一）一类企业的低风险产品，抽查比例为5%～10%。

（二）一类企业的中风险产品、二类企业的低风险产品，抽查比例为10%~30%。

（三）一类企业的高风险产品、二类企业的中风险产品和三类企业的低风险产品，抽查比例为30%~70%。

（四）二类企业的高风险产品、三类企业的中风险和高风险产品，抽查比例为70%~100%。

因此，该一类企业的低风险产品，抽查比例为5%~10%。

文件依据：《出境竹木草制品检疫管理办法》（国家质检总局令第45号）。

99. 企业想从某个国家进口某种水果，如何得知是否可以进口？

答：企业可通过海关总署门户网站—动植物检疫司—企业信息—植物产品类—水果—获得我国检疫准入的新鲜水果种类及输出国家地区名录查询。

100. 如何查询允许进口水果境外注册登记企业名单？

答：可通过海关总署门户网站—动植物检疫司—企业信息—植物产品类—水果—允许进口水果境外注册登记企业名单查询。

101. 自国外进口水果，外商提供的植物检疫证书需要符合哪些要求？

答：植物检疫证书应当符合以下要求：

（一）植物检疫证书的内容与格式应当符合国际植物检疫措施标准（ISPM）第12号《植物检疫证书准则》的要求；

（二）用集装箱运输进境的，植物检疫证书上应注明集装箱号码；

（三）已与我国签订协定（含协议、议定书、备忘录等）的，还应符合相关协定中有关植物检疫证书的要求。

文件依据：《进境水果检验检疫监督管理办法》（国家质检总局令第68号）。

102. 进境水果指定监管场地名单可以在哪里查看？

答：海关总署在官方网站公布《进境水果指定监管场地名单》，并实施动态管理。通过海关总署门户网站—专题专栏—指定监管场地名单，查询进境水果指定监管场地名单。

103. 出境水果果园和包装厂需要注册登记吗？

答：我国与输入国家或者地区签订的双边协议、议定书等明确规定，或者输入国家或者地区法律法规要求对输入该国家或地区的水果果园和包装厂实施注册登记的，海关应当按照规定对输往该国家或者地区的出境水果果园和包装厂实行注册登记。

我国与输入国家或地区签订的双边协议、议定书未有明确规定，且输入国家或者地区法律法规未明确要求的，出境水果果园、包装厂可以向海关申请注册登记。

文件依据：《出境水果检验检疫监督管理办法》（国家质检总局令第91号）。

104. 出境水果果园和包装厂注册登记在哪个平台办理？

答：可通过海关总署门户网站—互联网+海关—行政审批—出境特定动植物及其产品和其他检疫物的生产、加工、存放单位注册登记—出境植物及其产品、其他检疫物的生产、加工、存放单位注册登记办理。

105. 申请注册登记的出境水果果园和出境水果包装厂分别应当具备哪些条件？

答：（一）申请注册登记的出境水果果园应当具备以下条件：
① 连片种植，面积在100亩以上。
② 周围无影响水果生产的污染源。
③ 有专职或者兼职植保员，负责果园有害生物监测防治等工作。
④ 建立完善的质量管理体系，质量管理体系文件包括组织机构、人员培训、有害生物监测与控制、农用化学品使用管理、良好农业操作规范等有关资料。
⑤ 近两年未发生重大植物疫情。

⑥双边协议、议定书或者输入国家或者地区法律法规对注册登记有特别规定的,还须符合其规定。

(二)申请注册登记的出境水果包装厂应当具备以下条件:

①厂区整洁卫生,有满足水果贮存要求的原料场、成品库。

②水果存放、加工、处理、储藏等功能区相对独立、布局合理,且与生活区采取隔离措施并有适当的距离。

③具有符合检疫要求的清洗、加工、防虫防病及除害处理设施。

④加工水果所使用的水源及使用的农用化学品均须符合有关食品卫生要求及输入国家或地区的要求。

⑤有完善的卫生质量管理体系,包括对水果供货、加工、包装、储运等环节的管理;对水果溯源信息、防疫监控措施、有害生物及有毒有害物质检测等信息有详细记录。

⑥配备专职或者兼职植保员,负责原料水果验收、加工、包装、存放等环节防疫措施的落实、有毒有害物质的控制、弃果处理和成品水果自检等工作。

⑦有与其加工能力相适应的提供水果货源的果园,或者与供货果园建有固定的供货关系。

⑧双边协议、议定书或者输入国家或者地区法律法规对注册登记有特别规定的,还须符合其规定。

文件依据:《出境水果检验检疫监督管理办法》(国家质检总局令第91号)。

106. 出境水果果园、包装厂注册登记证书有效期为多长?

答:注册登记证书有效期为3年,注册登记证书有效期满前3个月,果园、包装厂应当向所在地海关申请换证。

文件依据:《出境水果检验检疫监督管理办法》(国家质检总局令第91号)。

107. 从哪里可以查询到已经注册的出口水果果园和包装厂?

答:可通过海关总署门户网站—动植物检疫司—企业信息—植物产品类—水果,查询中国出口水果注册企业名单。该信息由海关总署根据实际情况实施动态管理。

108. 什么是非食用动物产品?

答:非食用动物产品是指非直接供人类或者动物食用的动物副产品及其衍生物、加工品,如非直接供人类或者动物食用的动物皮张、毛类、纤维、骨、蹄、角、油脂、明胶、标本、工艺品、内脏、动物源性肥料、蚕产品、蜂产品、水产品、奶产品等。

文件依据:《进出境非食用动物产品检验检疫监督管理办法》(国家质检总局令第159号)。

109. 海关对向中国输出非食用动物产品的境外生产、加工、存放企业有什么要求？

答：海关总署对向中国输出非食用动物产品的境外生产、加工、存放企业（以下简称境外生产加工企业）实施注册登记制度。需要实施境外生产加工企业注册登记的非食用动物产品名录由海关总署制定、调整并公布。

向中国输出非食用动物产品的境外生产加工企业应当符合输出国家或者地区法律法规和标准的相关要求，并达到中国有关法律法规和强制性标准的要求。

文件依据：《进出境非食用动物产品检验检疫监督管理办法》（国家质检总局令第159号）。

110. 从哪里可以查询到允许进境非食用动物产品国家或地区及产品种类和注册登记企业名单？

答：可通过海关总署门户网站—动植物检疫司—企业信息—动物产品类—非食用动物产品，查询已准入非食用动物产品国家或地区及产品种类名单。该信息由海关总署根据实际情况实施动态管理。

附 录[1]

中华人民共和国进出口食品安全管理办法

（2021年4月12日海关总署令第249号公布
自2022年1月1日起施行）

第一章 总 则

第一条 为了保障进出口食品安全，保护人类、动植物生命和健康，根据《中华人民共和国食品安全法》（以下简称《食品安全法》）及其实施条例、《中华人民共和国海关法》《中华人民共和国进出口商品检验法》及其实施条例、《中华人民共和国进出境动植物检疫法》及其实施条例、《中华人民共和国国境卫生检疫法》及其实施细则、《中华人民共和国农产品质量安全法》和《国务院关于加强食品等产品安全监督管理的特别规定》等法律、行政法规的规定，制定本办法。

第二条 从事下列活动，应当遵守本办法：

（一）进出口食品生产经营活动；

（二）海关对进出口食品生产经营者及其进出口食品安全实施监督管理。

进出口食品添加剂、食品相关产品的生产经营活动按照海关总署相关规定执行。

第三条 进出口食品安全工作坚持安全第一、预防为主、风险管理、全程控制、国际共治的原则。

---

[1] 本附录仅收录使用频率较高的法律、规章和规范性文件，按前文出现顺序排列。

第四条 进出口食品生产经营者对其生产经营的进出口食品安全负责。

进出口食品生产经营者应当依照中国缔结或者参加的国际条约、协定，中国法律法规和食品安全国家标准从事进出口食品生产经营活动，依法接受监督管理，保证进出口食品安全，对社会和公众负责，承担社会责任。

第五条 海关总署主管全国进出口食品安全监督管理工作。

各级海关负责所辖区域进出口食品安全监督管理工作。

第六条 海关运用信息化手段提升进出口食品安全监督管理水平。

第七条 海关加强进出口食品安全的宣传教育，开展食品安全法律、行政法规以及食品安全国家标准和知识的普及工作。

海关加强与食品安全国际组织、境外政府机构、境外食品行业协会、境外消费者协会等交流与合作，营造进出口食品安全国际共治格局。

第八条 海关从事进出口食品安全监督管理的人员应当具备相关专业知识。

第二章　食品进口

第九条 进口食品应当符合中国法律法规和食品安全国家标准，中国缔结或者参加的国际条约、协定有特殊要求的，还应当符合国际条约、协定的要求。

进口尚无食品安全国家标准的食品，应当符合国务院卫生行政部门公布的暂予适用的相关标准要求。

利用新的食品原料生产的食品，应当依照《食品安全法》第三十七条的规定，取得国务院卫生行政部门新食品原料卫生行政许可。

第十条　海关依据进出口商品检验相关法律、行政法规的规定对进口食品实施合格评定。

进口食品合格评定活动包括：向中国境内出口食品的境外国家（地区）[以下简称境外国家（地区）]食品安全管理体系评估和审查、境外生产企业注册、进出口商备案和合格保证、进境动植物检疫审批、随附合格证明检查、单证审核、现场查验、监督抽检、进口和销售记录检查以及各项的组合。

第十一条　海关总署可以对境外国家（地区）的食品安全管理体系和食品安全状况开展评估和审查，并根据评估和审查结果，确定相应的检验检疫要求。

第十二条　有下列情形之一的，海关总署可以对境外国家（地区）启动评估和审查：

（一）境外国家（地区）申请向中国首次输出某类（种）食品的；

（二）境外国家（地区）食品安全、动植物检疫法律法规、组织机构等发生重大调整的；

（三）境外国家（地区）主管部门申请对其输往中国某类（种）食品的检验检疫要求发生重大调整的；

（四）境外国家（地区）发生重大动植物疫情或者食品安全事件的；

（五）海关在输华食品中发现严重问题，认为存在动植物疫情或者食品安全隐患的；

（六）其他需要开展评估和审查的情形。

第十三条　境外国家（地区）食品安全管理体系评估和审查主要包括对以下内容的评估、确认：

（一）食品安全、动植物检疫相关法律法规；

（二）食品安全监督管理组织机构；

（三）动植物疫情流行情况及防控措施；

（四）致病微生物、农兽药和污染物等管理和控制；

（五）食品生产加工、运输仓储环节安全卫生控制；

（六）出口食品安全监督管理；

（七）食品安全防护、追溯和召回体系；

（八）预警和应急机制；

（九）技术支撑能力；

（十）其他涉及动植物疫情、食品安全的情况。

第十四条 海关总署可以组织专家通过资料审查、视频检查、现场检查等形式及其组合，实施评估和审查。

第十五条 海关总署组织专家对接受评估和审查的国家（地区）递交的申请资料、书面评估问卷等资料实施审查，审查内容包括资料的真实性、完整性和有效性。根据资料审查情况，海关总署可以要求相关国家（地区）的主管部门补充缺少的信息或者资料。

对已通过资料审查的国家（地区），海关总署可以组织专家对其食品安全管理体系实施视频检查或者现场检查。对发现的问题可以要求相关国家（地区）主管部门及相关企业实施整改。

相关国家（地区）应当为评估和审查提供必要的协助。

第十六条 接受评估和审查的国家（地区）有下列情形之一，海关总署可以终止评估和审查，并通知相关国家（地区）主管部门：

（一）收到书面评估问卷12个月内未反馈的；

（二）收到海关总署补充信息和材料的通知3个月内未按要求提供的；

（三）突发重大动植物疫情或者重大食品安全事件的；

（四）未能配合中方完成视频检查或者现场检查、未能有效完成整改的；

（五）主动申请终止评估和审查的。

前款第一、二项情形，相关国家（地区）主管部门因特殊原因可以申请延期，经海关总署同意，按照海关总署重新确定的期限递交相关材料。

第十七条　评估和审查完成后，海关总署向接受评估和审查的国家（地区）主管部门通报评估和审查结果。

第十八条　海关总署对向中国境内出口食品的境外生产企业实施注册管理，并公布获得注册的企业名单。

第十九条　向中国境内出口食品的境外出口商或者代理商（以下简称"境外出口商或者代理商"）应当向海关总署备案。

食品进口商应当向其住所地海关备案。

境外出口商或者代理商、食品进口商办理备案时，应当对其提供资料的真实性、有效性负责。

境外出口商或者代理商、食品进口商备案名单由海关总署公布。

第二十条　境外出口商或者代理商、食品进口商备案内容发生变更的，应当在变更发生之日起60日内，向备案机关办理变更手续。

海关发现境外出口商或者代理商、食品进口商备案信息错误或者备案内容未及时变更的，可以责令其在规定期限内更正。

第二十一条　食品进口商应当建立食品进口和销售记录制度，如实记录食品名称、净含量/规格、数量、生产日期、生产或者进口批号、保质期、境外出口商和购货者名称、地址及联系方式、交货日期等内容，并保存相关凭证。记录和凭证保存期限不得少于食品保质期满后6个月；没有明确保质期的，保存期限为销售后2年以上。

第二十二条　食品进口商应当建立境外出口商、境外生产企业审核制度，重点审核下列内容：

（一）制定和执行食品安全风险控制措施情况；

（二）保证食品符合中国法律法规和食品安全国家标准的情况。

第二十三条 海关依法对食品进口商实施审核活动的情况进行监督检查。食品进口商应当积极配合，如实提供相关情况和材料。

第二十四条 海关可以根据风险管理需要，对进口食品实施指定口岸进口，指定监管场地检查。指定口岸、指定监管场地名单由海关总署公布。

第二十五条 食品进口商或者其代理人进口食品时应当依法向海关如实申报。

第二十六条 海关依法对应当实施入境检疫的进口食品实施检疫。

第二十七条 海关依法对需要进境动植物检疫审批的进口食品实施检疫审批管理。食品进口商应当在签订贸易合同或者协议前取得进境动植物检疫许可。

第二十八条 海关根据监督管理需要，对进口食品实施现场查验，现场查验包括但不限于以下内容：

（一）运输工具、存放场所是否符合安全卫生要求；

（二）集装箱号、封识号、内外包装上的标识内容、货物的实际状况是否与申报信息及随附单证相符；

（三）动植物源性食品、包装物及铺垫材料是否存在《进出境动植物检疫法实施条例》第二十二条规定的情况；

（四）内外包装是否符合食品安全国家标准，是否存在污染、破损、湿浸、渗透；

（五）内外包装的标签、标识及说明书是否符合法律、行政法规、食品安全国家标准以及海关总署规定的要求；

（六）食品感官性状是否符合该食品应有性状；

（七）冷冻冷藏食品的新鲜程度、中心温度是否符合要求、是否有病变、冷冻冷藏环境温度是否符合相关标准要求、冷链控温设备设施运作是否正常、温度记录是否符合要求，必要时可以进行蒸煮试验。

第二十九条　海关制定年度国家进口食品安全监督抽检计划和专项进口食品安全监督抽检计划，并组织实施。

第三十条　进口食品的包装和标签、标识应当符合中国法律法规和食品安全国家标准；依法应当有说明书的，还应当有中文说明书。

对于进口鲜冻肉类产品，内外包装上应当有牢固、清晰、易辨的中英文或者中文和出口国家（地区）文字标识，标明以下内容：产地国家（地区）、品名、生产企业注册编号、生产批号；外包装上应当以中文标明规格、产地（具体到州/省/市）、目的地、生产日期、保质期限、储存温度等内容，必须标注目的地为中华人民共和国，加施出口国家（地区）官方检验检疫标识。

对于进口水产品，内外包装上应当有牢固、清晰、易辨的中英文或者中文和出口国家（地区）文字标识，标明以下内容：商品名和学名、规格、生产日期、批号、保质期限和保存条件、生产方式（海水捕捞、淡水捕捞、养殖）、生产地区（海洋捕捞海域、淡水捕捞国家或者地区、养殖产品所在国家或者地区）、涉及的所有生产加工企业（含捕捞船、加工船、运输船、独立冷库）名称、注册编号及地址（具体到州/省/市），必须标注目的地为中华人民共和国。

进口保健食品、特殊膳食用食品的中文标签必须印制在最小销售包装上，不得加贴。

进口食品内外包装有特殊标识规定的，按照相关规定执行。

第三十一条　进口食品运达口岸后，应当存放在海关指定或者认可的场所；需要移动的，必须经海关允许，并按照海关要求采取必要的安全防护措施。

指定或者认可的场所应当符合法律、行政法规和食品安全国家标准规定的要求。

第三十二条　大宗散装进口食品应当按照海关要求在卸货口岸进行检验。

第三十三条　进口食品经海关合格评定合格的，准予进口。

进口食品经海关合格评定不合格的，由海关出具不合格证明；涉及安全、健康、环境保护项目不合格的，由海关书面通知食品进口商，责令其销毁或者退运；其他项目不合格的，经技术处理符合合格评定要求的，方准进口。相关进口食品不能在规定时间内完成技术处理或者经技术处理仍不合格的，由海关责令食品进口商销毁或者退运。

第三十四条　境外发生食品安全事件可能导致中国境内食品安全隐患，或者海关实施进口食品监督管理过程中发现不合格进口食品，或者发现其他食品安全问题的，海关总署和经授权的直属海关可以依据风险评估结果对相关进口食品实施提高监督抽检比例等控制措施。

海关依照前款规定对进口食品采取提高监督抽检比例等控制措施后，再次发现不合格进口食品，或者有证据显示进口食品存在重大安全隐患的，海关总署和经授权的直属海关可以要求食品进口商逐批向海关提交有资质的检验机构出具的检验报告。海关应当对食品进口商提供的检验报告进行验核。

第三十五条　有下列情形之一的，海关总署依据风险评估结果，可以对相关食品采取暂停或者禁止进口的控制措施：

（一）出口国家（地区）发生重大动植物疫情，或者食品安全体系发生重大变化，无法有效保证输华食品安全的；

（二）进口食品被检疫传染病病原体污染，或者有证据表明能够成为检疫传染病传播媒介，且无法实施有效卫生处理的；

（三）海关实施本办法第三十四条第二款规定控制措施的进口食品，再次发现相关安全、健康、环境保护项目不合格的；

（四）境外生产企业违反中国相关法律法规，情节严重的；

（五）其他信息显示相关食品存在重大安全隐患的。

第三十六条　进口食品安全风险已降低到可控水平时，海关总署和经授权的直属海关可以按照以下方式解除相应控制措施：

（一）实施本办法第三十四条第一款控制措施的食品，在规定的时间、批次内未被发现不合格的，在风险评估基础上可以解除该控制措施；

（二）实施本办法第三十四条第二款控制措施的食品，出口国家（地区）已采取预防措施，经海关总署风险评估能够保障食品安全、控制动植物疫情风险，或者从实施该控制措施之日起在规定时间、批次内未发现不合格食品的，海关在风险评估基础上可以解除该控制措施；

（三）实施暂停或者禁止进口控制措施的食品，出口国家（地区）主管部门已采取风险控制措施，且经海关总署评估符合要求的，可以解除暂停或者禁止进口措施。恢复进口的食品，海关总署视评估情况可以采取本办法第三十四条规定的控制措施。

第三十七条　食品进口商发现进口食品不符合法律、行政法规和食品安全国家标准，或者有证据证明可能危害人体健康，应当按照《食品安全法》第六十三条和第九十四条第三款规定，立即停止进口、销售和使用，实施召回，通知相关生产经营者和消费者，记录召回和通知情况，并将食品召回、通知和处理情况向所在地海关报告。

第三章　食品出口

第三十八条　出口食品生产企业应当保证其出口食品符合进口国家（地区）的标准或者合同要求；中国缔结或者参加的国际条约、协定有特殊要求的，还应当符合国际条约、协定的要求。

进口国家（地区）暂无标准，合同也未作要求，且中国缔结或者参加的国际条约、协定无相关要求的，出口食品生产企业应当保证其出口食品符合中国食品安全国家标准。

第三十九条　海关依法对出口食品实施监督管理。出口食品监督管理措施包括：出口食品原料种植养殖场备案、出口食品生产企业备案、企业核查、单证审核、现场查验、监督抽检、口岸抽查、境外通报核查以及各项的组合。

第四十条　出口食品原料种植、养殖场应当向所在地海关备案。

海关总署统一公布原料种植、养殖场备案名单，备案程序和要求由海关总署制定。

第四十一条　海关依法采取资料审查、现场检查、企业核查等方式，对备案原料种植、养殖场进行监督。

第四十二条　出口食品生产企业应当向住所地海关备案，备案程序和要求由海关总署制定。

第四十三条　境外国家（地区）对中国输往该国家（地区）的出口食品生产企业实施注册管理且要求海关总署推荐的，出口食品生产企业须向住所地海关提出申请，住所地海关进行初核后报海关总署。

海关总署结合企业信用、监督管理以及住所地海关初核情况组织开展对外推荐注册工作，对外推荐注册程序和要求由海关总署制定。

第四十四条　出口食品生产企业应当建立完善可追溯的食品安全卫生控制体系，保证食品安全卫生控制体系有效运行，确保出口食品生产、加工、贮存过程持续符合中国相关法律法规、出口食品生产企业安全卫生要求；进口国家（地区）相关法律法规和相关国际条约、协定有特殊要求的，还应当符合相关要求。

出口食品生产企业应当建立供应商评估制度、进货查验记录制度、生产记录档案制度、出厂检验记录制度、出口食品追溯制度和不合格食品处置制度。相关记录应当真实有效,保存期限不得少于食品保质期期满后6个月;没有明确保质期的,保存期限不得少于2年。

第四十五条 出口食品生产企业应当保证出口食品包装和运输方式符合食品安全要求。

第四十六条 出口食品生产企业应当在运输包装上标注生产企业备案号、产品品名、生产批号和生产日期。

进口国家(地区)或者合同有特殊要求的,在保证产品可追溯的前提下,经直属海关同意,出口食品生产企业可以调整前款规定的标注项目。

第四十七条 海关应当对辖区内出口食品生产企业的食品安全卫生控制体系运行情况进行监督检查。监督检查包括日常监督检查和年度监督检查。

监督检查可以采取资料审查、现场检查、企业核查等方式,并可以与出口食品境外通报核查、监督抽检、现场查验等工作结合开展。

第四十八条 出口食品应当依法由产地海关实施检验检疫。

海关总署根据便利对外贸易和出口食品检验检疫工作需要,可以指定其他地点实施检验检疫。

第四十九条 出口食品生产企业、出口商应当按照法律、行政法规和海关总署规定,向产地或者组货地海关提出出口申报前监管申请。

产地或者组货地海关受理食品出口申报前监管申请后,依法对需要实施检验检疫的出口食品实施现场检查和监督抽检。

第五十条 海关制定年度国家出口食品安全监督抽检计划并组织实施。

第五十一条 出口食品经海关现场检查和监督抽检符合要求的,

由海关出具证书，准予出口。进口国家（地区）对证书形式和内容要求有变化的，经海关总署同意可以对证书形式和内容进行变更。

出口食品经海关现场检查和监督抽检不符合要求的，由海关书面通知出口商或者其代理人。相关出口食品可以进行技术处理的，经技术处理合格后方准出口；不能进行技术处理或者经技术处理仍不合格的，不准出口。

第五十二条 食品出口商或者其代理人出口食品时应当依法向海关如实申报。

第五十三条 海关对出口食品在口岸实施查验，查验不合格的，不准出口。

第五十四条 出口食品因安全问题被国际组织、境外政府机构通报的，海关总署应当组织开展核查，并根据需要实施调整监督抽检比例、要求食品出口商逐批向海关提交有资质的检验机构出具的检验报告、撤回向境外官方主管机构的注册推荐等控制措施。

第五十五条 出口食品存在安全问题，已经或者可能对人体健康和生命安全造成损害的，出口食品生产经营者应当立即采取相应措施，避免和减少损害发生，并向所在地海关报告。

第五十六条 海关在实施出口食品监督管理时发现安全问题的，应当向同级政府和上一级政府食品安全主管部门通报。

第四章 监督管理

第五十七条 海关总署依照《食品安全法》第一百条规定，收集、汇总进出口食品安全信息，建立进出口食品安全信息管理制度。

各级海关负责本辖区内以及上级海关指定的进出口食品安全信息的收集和整理工作，并按照有关规定通报本辖区地方政府、相关部门、机构和企业。通报信息涉及其他地区的，应当同时通报相关地区海关。

海关收集、汇总的进出口食品安全信息，除《食品安全法》第一百条规定内容外，还包括境外食品技术性贸易措施信息。

第五十八条 海关应当对收集到的进出口食品安全信息开展风险研判，依据风险研判结果，确定相应的控制措施。

第五十九条 境内外发生食品安全事件或者疫情疫病可能影响到进出口食品安全的，或者在进出口食品中发现严重食品安全问题的，直属海关应当及时上报海关总署；海关总署根据情况进行风险预警，在海关系统内发布风险警示通报，并向国务院食品安全监督管理、卫生行政、农业行政部门通报，必要时向消费者发布风险警示通告。

海关总署发布风险警示通报的，应当根据风险警示通报要求对进出口食品采取本办法第三十四条、第三十五条、第三十六条和第五十四条规定的控制措施。

第六十条 海关制定年度国家进出口食品安全风险监测计划，系统和持续收集进出口食品中食源性疾病、食品污染和有害因素的监测数据及相关信息。

第六十一条 境外发生的食品安全事件可能对中国境内造成影响，或者评估后认为存在不可控风险的，海关总署可以参照国际通行做法，直接在海关系统内发布风险预警通报或者向消费者发布风险预警通告，并采取本办法第三十四条、第三十五条和第三十六条规定的控制措施。

第六十二条 海关制定并组织实施进出口食品安全突发事件应急处置预案。

第六十三条 海关在依法履行进出口食品安全监督管理职责时，有权采取下列措施：

（一）进入生产经营场所实施现场检查；

（二）对生产经营的食品进行抽样检验；

（三）查阅、复制有关合同、票据、账簿以及其他有关资料；

（四）查封、扣押有证据证明不符合食品安全国家标准或者有证据证明存在安全隐患以及违法生产经营的食品。

第六十四条 海关依法对进出口企业实施信用管理。

第六十五条 海关依法对进出口食品生产经营者以及备案原料种植、养殖场开展稽查、核查。

第六十六条 过境食品应当符合海关总署对过境货物的监管要求。过境食品过境期间，未经海关批准，不得开拆包装或者卸离运输工具，并应当在规定期限内运输出境。

第六十七条 进出口食品生产经营者对海关的检验结果有异议的，可以按照进出口商品复验相关规定申请复验。

有下列情形之一的，海关不受理复验：

（一）检验结果显示微生物指标超标的；

（二）复验备份样品超过保质期的；

（三）其他原因导致备份样品无法实现复验目的的。

第五章 法律责任

第六十八条 食品进口商备案内容发生变更，未按照规定向海关办理变更手续，情节严重的，海关处以警告。

食品进口商在备案中提供虚假备案信息的，海关处1万元以下罚款。

第六十九条 境内进出口食品生产经营者不配合海关进出口食品安全核查工作，拒绝接受询问、提供材料，或者答复内容和提供材料与实际情况不符的，海关处以警告或者1万元以下罚款。

第七十条 海关在进口预包装食品监管中，发现进口预包装食品未加贴中文标签或者中文标签不符合法律法规和食品安全国家标准，食品进口商拒不按照海关要求实施销毁、退运或者技术处理的，海关处以警告或者1万元以下罚款。

第七十一条 未经海关允许,将进口食品提离海关指定或者认可的场所的,海关责令改正,并处1万元以下罚款。

第七十二条 下列违法行为属于《食品安全法》第一百二十九条第一款第三项规定的"未遵守本法的规定出口食品"的,由海关依照《食品安全法》第一百二十四条的规定给予处罚:

(一)擅自调换经海关监督抽检并已出具证单的出口食品的;

(二)出口掺杂掺假、以假充真、以次充好的食品或者以不合格出口食品冒充合格出口食品的;

(三)出口未获得备案出口食品生产企业生产的食品的;

(四)向有注册要求的国家(地区)出口未获得注册出口食品生产企业生产食品的或者出口已获得注册出口食品生产企业生产的注册范围外食品的;

(五)出口食品生产企业生产的出口食品未按照规定使用备案种植、养殖场原料的;

(六)出口食品生产经营者有《食品安全法》第一百二十三条、第一百二十四条、第一百二十五条、第一百二十六条规定情形,且出口食品不符合进口国家(地区)要求的。

第七十三条 违反本办法规定,构成犯罪的,依法追究刑事责任。

第六章 附 则

第七十四条 海关特殊监管区域、保税监管场所、市场采购、边境小额贸易和边民互市贸易进出口食品安全监督管理,按照海关总署有关规定执行。

第七十五条 邮寄、快件、跨境电子商务零售和旅客携带方式进出口食品安全监督管理,按照海关总署有关规定办理。

第七十六条 样品、礼品、赠品、展示品、援助等非贸易性的食品，免税经营的食品，外国驻中国使领馆及其人员进出境公用、自用的食品，驻外使领馆及其人员公用、自用的食品，中国企业驻外人员自用的食品的监督管理，按照海关总署有关规定办理。

第七十七条 本办法所称进出口食品生产经营者包括：向中国境内出口食品的境外生产企业、境外出口商或者代理商、食品进口商、出口食品生产企业、出口商以及相关人员等。

本办法所称进口食品的境外生产企业包括向中国出口食品的境外生产、加工、贮存企业等。

本办法所称进口食品的进出口商包括向中国出口食品的境外出口商或者代理商、食品进口商。

第七十八条 本办法由海关总署负责解释。

第七十九条 本办法自2022年1月1日起施行。2011年9月13日原国家质量监督检验检疫总局令第144号公布并根据2016年10月18日原国家质量监督检验检疫总局令第184号以及2018年11月23日海关总署令第243号修改的《进出口食品安全管理办法》、2000年2月22日原国家检验检疫局令第20号公布并根据2018年4月28日海关总署令第238号修改的《出口蜂蜜检验检疫管理办法》、2011年1月4日原国家质量监督检验检疫总局令第135号公布并根据2018年11月23日海关总署令第243号修改的《进出口水产品检验检疫监督管理办法》、2011年1月4日原国家质量监督检验检疫总局令第136号公布并根据2018年11月23日海关总署令第243号修改的《进出口肉类产品检验检疫监督管理办法》、2013年1月24日原国家质量监督检验检疫总局令第152号公布并根据2018年11月23日海关总署令第243号修改的《进出口乳品检验检疫监督管理办法》、2017年11月14日原国家质量监督检验检疫总局令第192号公布并根据2018年11月23日海关总署令第243号修改的《出口食品生产企业备案管理规定》同时废止。

关于明确进口乳品检验检疫有关要求的公告

（海关总署公告2021年第114号）

《中华人民共和国进口食品境外生产企业注册管理规定》（海关总署第248号令）和《中华人民共和国进出口食品安全管理办法》（海关总署第249号令）将于2022年1月1日正式生效，《进出口乳品检验检疫监督管理办法》同时废止，进口乳品检验检疫的下列相关要求继续有效，现公告如下：

一、进口乳品需随附出口国家或者地区政府主管部门出具的卫生证书。证书应当有出口国家或者地区政府主管部门印章和其授权人签字，目的地应当标明为中华人民共和国。卫生证书样本应当经海关总署确认。

二、进口生乳、生乳制品、巴氏杀菌乳、巴氏杀菌工艺生产加工的调制乳需要办理进境检疫审批手续。

三、境外生产企业应当熟悉并保证其向中国出口的乳品符合中国食品安全国家标准和相关要求。

（一）首次进口的乳品，应当提供相应食品安全国家标准中列明项目的检测报告。首次进口，指境外生产企业、产品名称、配方、境外出口商、境内进口商等信息完全相同的乳品从同一口岸第一次进口。

（二）非首次进口的乳品，应当提供首次进口检测报告的复印件以及海关总署要求项目的检测报告。非首次进口检测报告项目由海关总署根据乳品风险监测等有关情况确定并在海关总署门户网站公布（在海关总署食品局网站http://jckspj.customs.gov.cn的"信息服务——检验检疫要求"栏目中查询）。

（三）检测报告应与进口乳品的生产日期或生产批号对应。

（四）对进口乳品检测报告实行证明事项告知承诺制。

四、为进口乳品出具检测报告的检测机构，可以是境外官方实验室、第三方检测机构或企业实验室，也可以是境内取得食品检验机构资质认定的检测机构。

五、本公告所指的乳品包括初乳、生乳和乳制品。初乳是指奶畜产犊后7天内的乳。生乳是指从符合中国有关要求的健康奶畜乳房中挤出的无任何成分改变的常乳。奶畜初乳、应用抗生素期间和休药期间的乳汁、变质乳不得用作生乳。生乳制品是指由生乳加工而成、加工工艺中无热处理杀菌过程的产品。乳制品是指由乳为主要原料加工而成的食品，如：巴氏杀菌乳、灭菌乳、调制乳、发酵乳、干酪及再制干酪、稀奶油、奶油、无水奶油、炼乳、乳粉、乳清粉及乳清蛋白粉、乳基婴幼儿配方食品及其生产原料基粉、酪蛋白及其他乳与乳制品（如乳矿物盐和乳蛋白等）。

本公告自2022年1月1日起执行。2013年4月15日《关于实施〈进出口乳品检验检疫监督管理办法〉有关要求的公告》（原质检总局公告2013年53号）、2015年1月8日《关于调整〈进出口乳品检验检疫监督管理办法〉实施要求的公告》（原国家质检总局公告2015年第3号）同时废止。

特此公告。

海关总署
2021年12月23日

出入境特殊物品卫生检疫管理规定

（2015年1月21日国家质量监督检验检疫总局令第160号公布 根据2016年10月18日国家质量监督检验检疫总局令第184号《国家质量监督检验检疫总局关于修改和废止部分规章的决定》第一次修正 根据2018年4月28日海关总署令第238号《海关总署关于修改部分规章的决定》第二次修正 根据2018年5月29日海关总署令第240号《海关总署关于修改部分规章的决定》第三次修正 根据2018年11月23日海关总署令第243号《海关总署关于修改部分规章的决定》第四次修正）

第一章 总 则

第一条 为了规范出入境特殊物品卫生检疫监督管理，防止传染病传入、传出，防控生物安全风险，保护人体健康，根据《中华人民共和国国境卫生检疫法》及其实施细则、《艾滋病防治条例》《病原微生物实验室生物安全管理条例》和《人类遗传资源管理暂行办法》等法律法规规定，制定本规定。

第二条 本规定适用于入境、出境的微生物、人体组织、生物制品、血液及其制品等特殊物品的卫生检疫监督管理。

第三条 海关总署统一管理全国出入境特殊物品的卫生检疫监督管理工作；主管海关负责所辖地区的出入境特殊物品卫生检疫监督管理工作。

第四条 出入境特殊物品卫生检疫监督管理遵循风险管理原则，在风险评估的基础上根据风险等级实施检疫审批、检疫查验和监督管理。

海关总署可以对输出国家或者地区的生物安全控制体系进行评估。

第五条 出入境特殊物品的货主或者其代理人，应当按照法律法规规定和相关标准的要求，输入、输出以及生产、经营、使用特殊物品，对社会和公众负责，保证特殊物品安全，接受社会监督，承担社会责任。

第二章 检疫审批

第六条 直属海关负责辖区内出入境特殊物品的卫生检疫审批（以下简称特殊物品审批）工作。

第七条 申请特殊物品审批应当具备下列条件：

（一）法律法规规定须获得相关部门批准文件的，应当获得相应批准文件；

（二）具备与出入境特殊物品相适应的生物安全控制能力。

第八条 入境特殊物品的货主或者其代理人应当在特殊物品交运前向目的地直属海关申请特殊物品审批。

出境特殊物品的货主或者其代理人应当在特殊物品交运前向其所在地直属海关申请特殊物品审批。

第九条 申请特殊物品审批的，货主或者其代理人应当按照以下规定提供相应材料：

（一）《入/出境特殊物品卫生检疫审批申请表》；

（二）出入境特殊物品描述性材料，包括特殊物品中英文名称、类别、成分、来源、用途、主要销售渠道、输出输入的国家或者地区、生产商等；

（三）入境用于预防、诊断、治疗人类疾病的生物制品、人体血液制品，应当提供国务院药品监督管理部门发给的进口药品注册证书；

（四）入境、出境特殊物品含有或者可能含有病原微生物的，应当提供病原微生物的学名（中文和拉丁文）、生物学特性的说明性文件（中英文对照件）以及生产经营者或者使用者具备相应生物安全防控水平的证明文件；

（五）出境用于预防、诊断、治疗的人类疾病的生物制品、人体血液制品，应当提供药品监督管理部门出具的销售证明；

（六）出境特殊物品涉及人类遗传资源管理范畴的，应当取得人类遗传资源管理部门出具的批准文件，海关对有关批准文件电子数据进行系统自动比对验核；

（七）使用含有或者可能含有病原微生物的出入境特殊物品的单位，应当提供与生物安全风险等级相适应的生物安全实验室资质证明，BSL-3级以上实验室必须获得国家认可机构的认可；

（八）出入境高致病性病原微生物菌（毒）种或者样本的，应当提供省级以上人民政府卫生主管部门的批准文件。

第十条 申请人为单位的，首次申请特殊物品审批时，除提供本规定第九条所规定的材料以外，还应当提供下列材料：

（一）单位基本情况，如单位管理体系认证情况、单位地址、生产场所、实验室设置、仓储设施设备、产品加工情况、生产过程或者工艺流程、平面图等；

（二）实验室生物安全资质证明文件。

申请人为自然人的，应当提供身份证复印件。

出入境病原微生物或者可能含有病原微生物的特殊物品，其申请人不得为自然人。

第十一条 直属海关对申请人提出的特殊物品审批申请，应当根据下列情况分别作出处理：

（一）申请事项依法不需要取得特殊物品审批的，应当即时告知申请人不予受理；

（二）申请事项依法不属于本单位职权范围的，应当即时作出不予受理的决定，并告知申请人向有关行政机关或者其他直属海关申请；

（三）申请材料存在可以当场更正的错误的，应当允许申请人当场更正；

（四）申请材料不齐全或者不符合法定形式的，应当当场或者自收到申请材料之日起5日内一次性告知申请人需要补正的全部内容。逾期不告知的，自收到申请材料之日起即为受理；

（五）申请事项属于本单位职权范围，申请材料齐全、符合法定形式，或者申请人按照本单位的要求提交全部补正申请材料的，应当受理行政许可申请。

第十二条 直属海关对申请材料应当及时进行书面审查。并可以根据情况采取专家资料审查、现场评估、实验室检测等方式对申请材料的实质内容进行核实。

第十三条 申请人的申请符合法定条件、标准的，直属海关应当自受理之日起20日内签发《入/出境特殊物品卫生检疫审批单》（以下简称《特殊物品审批单》）。

申请人的申请不符合法定条件、标准的，直属海关应当自受理之日起20日内作出不予审批的书面决定并说明理由，告知申请人享有依法申请行政复议或者提起行政诉讼的权利。

直属海关20日内不能作出审批或者不予审批决定的，经本行政机关负责人批准，可以延长10日，并应当将延长期限的理由告知申请人。

第十四条 《特殊物品审批单》有效期如下：

（一）含有或者可能含有高致病性病原微生物的特殊物品，有效期为3个月。

（二）含有或者可能含有其他病原微生物的特殊物品，有效期为6个月。

（三）除上述规定以外的其他特殊物品，有效期为12个月。

《特殊物品审批单》在有效期内可以分批核销使用。超过有效期的，应当重新申请。

第三章　检疫查验

第十五条　入境特殊物品到达口岸后，货主或者其代理人应当凭《特殊物品审批单》及其他材料向入境口岸海关报检。

出境特殊物品的货主或者其代理人应当在出境前凭《特殊物品审批单》及其他材料向其所在地海关报检。

报检材料不齐全或者不符合法定形式的，海关不予入境或者出境。

第十六条　受理报检的海关应当按照下列要求对出入境特殊物品实施现场查验，并填写《入/出境特殊物品卫生检疫现场查验记录》：

（一）检查出入境特殊物品名称、成分、批号、规格、数量、有效期、运输储存条件、输出/输入国和生产厂家等项目是否与《特殊物品审批单》的内容相符；

（二）检查出入境特殊物品包装是否安全无破损，不渗、不漏，存在生物安全风险的是否具有符合相关要求的生物危险品标识。

入境口岸查验现场不具备查验特殊物品所需安全防护条件的，应当将特殊物品运送到符合生物安全等级条件的指定场所实施查验。

第十七条　对需实验室检测的入境特殊物品，货主或者其代理人应当按照口岸海关的要求将特殊物品存放在符合条件的储存场所，经检疫合格后方可移运或者使用。口岸海关不具备检测能力的，应当委托有相应资质的实验室进行检测。

含有或者可能含有病原微生物、毒素等生物安全危害因子的入境特殊物品的，口岸海关实施现场查验后应当及时电子转单给目的地海关。目的地海关应当实施后续监管。

第十八条 邮寄、携带的出入境特殊物品,未取得《特殊物品审批单》的,海关应当予以截留并出具截留凭证,截留期限不超过7天。

邮递人或者携带人在截留期限内取得《特殊物品审批单》后,海关按照本规定第十六条规定进行查验,经检疫查验合格的予以放行。

第十九条 携带自用且仅限于预防或者治疗疾病用的血液制品或者生物制品出入境的,不需办理卫生检疫审批手续,出入境时应当向海关出示医院的有关证明;允许携带量以处方或者说明书确定的一个疗程为限。

第二十条 口岸海关对经卫生检疫符合要求的出入境特殊物品予以放行。有下列情况之一的,由口岸海关签发《检验检疫处理通知书》,予以退运或者销毁:

(一)名称、批号、规格、生物活性成分等与特殊物品审批内容不相符的;

(二)超出卫生检疫审批的数量范围的;

(三)包装不符合特殊物品安全管理要求的;

(四)经检疫查验不符合卫生检疫要求的;

(五)被截留邮寄、携带特殊物品自截留之日起7日内未取得《特殊物品审批单》的,或者取得《特殊物品审批单》后,经检疫查验不合格的。

口岸海关对处理结果应当做好记录、归档。

第四章 监督管理

第二十一条 出入境特殊物品单位,应当建立特殊物品安全管理制度,严格按照特殊物品审批的用途生产、使用或者销售特殊物品。

出入境特殊物品单位应当建立特殊物品生产、使用、销售记录。记录应当真实，保存期限不得少于2年。

第二十二条 海关对出入境特殊物品实施风险管理，根据出入境特殊物品可能传播人类疾病的风险对不同风险程度的特殊物品划分为不同的风险等级，并采取不同的卫生检疫监管方式。

出入境特殊物品的风险等级及其对应的卫生检疫监管方式由海关总署统一公布。

第二十三条 需实施后续监管的入境特殊物品，其使用单位应当在特殊物品入境后30日内，到目的地海关申报，由目的地海关实施后续监管。

第二十四条 海关对入境特殊物品实施后续监管的内容包括：

（一）使用单位的实验室是否与《特殊物品审批单》一致；

（二）入境特殊物品是否与《特殊物品审批单》货证相符。

第二十五条 在后续监管过程中发现下列情形的，由海关撤回《特殊物品审批单》，责令其退运或者销毁：

（一）使用单位的实验室与《特殊物品审批单》不一致的；

（二）入境特殊物品与《特殊物品审批单》货证不符的。

海关对后续监管过程中发现的问题，应当通报原审批的直属海关。情节严重的应当及时上报海关总署。

第二十六条 海关工作人员应当秉公执法、忠于职守，在履行职责中，对所知悉的商业秘密负有保密义务。

第五章　法律责任

第二十七条 违反本规定，有下列情形之一的，由海关按照《中华人民共和国国境卫生检疫法实施细则》第一百一十条规定处以警告或者100元以上5000元以下的罚款：

（一）拒绝接受检疫或者抵制卫生检疫监督管理的；

（二）伪造或者涂改卫生检疫单、证的；

（三）瞒报携带禁止进口的微生物、人体组织、生物制品、血液及其制品或者其他可能引起传染病传播的动物和物品的。

第二十八条　违反本规定，有下列情形之一的，有违法所得的，由海关处以3万元以下的罚款：

（一）以欺骗、贿赂等不正当手段取得特殊物品审批的；

（二）未经海关许可，擅自移运、销售、使用特殊物品的；

（三）未向海关报检或者提供虚假材料，骗取检验检疫证单的；

（四）未在相应的生物安全等级实验室对特殊物品开展操作的或者特殊物品使用单位不具备相应等级的生物安全控制能力的；未建立特殊物品使用、销售记录或者记录与实际不符的；

（五）未经海关同意，擅自使用需后续监管的入境特殊物品的。

第二十九条　出入境特殊物品的货主或者其代理人拒绝、阻碍海关及其工作人员依法执行职务的，依法移送有关部门处理。

第三十条　海关工作人员徇私舞弊、滥用职权、玩忽职守，违反相关法律法规的，依法给予行政处分；情节严重，构成犯罪的，依法追究刑事责任。

第三十一条　对违反本办法，引起检疫传染病传播或者有引起检疫传染病传播严重危险的，依照《中华人民共和国刑法》的有关规定追究刑事责任。

第六章　附　则

第三十二条　本规定下列用语的含义：

微生物是指病毒、细菌、真菌、放线菌、立克次氏体、螺旋体、衣原体、支原体等医学微生物菌（毒）种及样本以及寄生虫、环保微生物菌剂。

人体组织是指人体细胞、细胞系、胚胎、器官、组织、骨髓、分泌物、排泄物等。

人类遗传资源是指含有人体基因组、基因及其产物的器官、组织、细胞、血液、制备物、重组脱氧核糖核酸（DNA）构建体等遗传材料及相关的信息资料。

生物制品是指用于人类医学、生命科学相关领域的疫苗、抗毒素、诊断用试剂、细胞因子、酶及其制剂以及毒素、抗原、变态反应原、抗体、抗原-抗体复合物、核酸、免疫调节剂、微生态制剂等生物活性制剂。

血液是指人类的全血、血浆成分和特殊血液成分。

血液制品是指各种人类血浆蛋白制品。

出入境特殊物品单位是指从事特殊物品生产、使用、销售、科研、医疗、检验、医药研发外包的法人或者其他组织。

第三十三条　进出口环保用微生物菌剂卫生检疫监督管理按照《进出口环保用微生物菌剂环境安全管理办法》（环境保护部、国家质检总局令第10号）的规定执行。

第三十四条　进出境特殊物品应当实施动植物检疫的，按照进出境动植物检疫法律法规的规定执行。

第三十五条　本规定由海关总署负责解释。

第三十六条　本规定自2015年3月1日起施行，国家质检总局2005年10月17日发布的《出入境特殊物品卫生检疫管理规定》（国家质检总局令第83号）同时废止。

关于公布《特殊物品海关检验检疫名称和商品编号对应名录》的公告

（海关总署公告 2023 年第 28 号）

为保障我国生物安全，进一步加强出入境特殊物品卫生检疫监管，根据《中华人民共和国生物安全法》、《中华人民共和国国境卫生检疫法》及其实施细则、《中华人民共和国进出口税则（2023）》、《中华人民共和国海关统计商品目录（2023年版）》及海关总署相关公告，海关总署制定了《特殊物品海关检验检疫名称和商品编号对应名录》（见附件），现予以公布。

未列入对应名录的出入境特殊物品根据《中华人民共和国海关进出口货物报关单填制规范》要求进行申报。

本公告自发布之日起实施，海关总署公告2022年第26号同时废止。

特此公告。

附件：特殊物品海关检验检疫名称和商品编号对应名录[1]

海关总署

2023年4月2日

---

1 本附件略。

进出口化妆品检验检疫监督管理办法

（2011年8月10日国家质量监督检验检疫总局令第143号公布　根据2018年4月28日海关总署令第238号《海关总署关于修改部分规章的决定》第一次修正　根据2018年5月29日海关总署令第240号《海关总署关于修改部分规章的决定》第二次修正　根据2018年11月23日海关总署令第243号《海关总署关于修改部分规章的决定》第三次修正）

第一章　总　则

第一条　为保证进出口化妆品的安全卫生质量，保护消费者身体健康，根据《中华人民共和国进出口商品检验法》及其实施条例、《化妆品卫生监督条例》和《国务院关于加强食品等产品安全监督管理的特别规定》等法律、行政法规的规定，制定本办法。

第二条　本办法适用于列入海关实施检验检疫的进出境商品目录及有关国际条约、相关法律、行政法规规定由海关检验检疫的化妆品（包括成品和半成品）的检验检疫及监督管理。

第三条　海关总署主管全国进出口化妆品检验检疫监督管理工作。

主管海关负责所辖区域进出口化妆品检验检疫监督管理工作。

第四条　进出口化妆品生产经营者应当依照法律、行政法规和相关标准从事生产经营活动，保证化妆品安全，对社会和公众负责，接受社会监督，承担社会责任。

第二章 进口化妆品检验检疫

第五条 主管海关根据我国国家技术规范的强制性要求以及我国与出口国家（地区）签订的协议、议定书规定的检验检疫要求对进口化妆品实施检验检疫。

我国尚未制定国家技术规范强制性要求的，可以参照海关总署指定的国外有关标准进行检验。

第六条 进口化妆品由口岸海关实施检验检疫。海关总署根据便利贸易和进口检验工作的需要，可以指定在其他地点检验。

第七条 海关对进口化妆品的收货人实施备案管理。进口化妆品的收货人应当如实记录进口化妆品流向，记录保存期限不得少于2年。

第八条 进口化妆品的收货人或者其代理人应当按照海关总署相关规定报检，同时提供收货人备案号。

其中首次进口的化妆品应当符合下列要求：

（一）国家实施卫生许可的化妆品，应当取得国家相关主管部门批准的进口化妆品卫生许可批件，海关对进口化妆品卫生许可批件电子数据进行系统自动比对验核；

（二）国家实施备案的化妆品，应当凭备案凭证办理报检手续；

（三）国家没有实施卫生许可或者备案的化妆品，应当提供下列材料：

1.具有相关资质的机构出具的可能存在安全性风险物质的有关安全性评估资料；

2.在生产国家（地区）允许生产、销售的证明文件或者原产地证明；

（四）销售包装化妆品成品除前三项外，还应当提交中文标签样张和外文标签及翻译件；

（五）非销售包装的化妆品成品还应当提供包括产品的名称、数/重量、规格、产地、生产批号和限期使用日期（生产日期和保质期）、加施包装的目的地名称、加施包装的工厂名称、地址、联系方式。

第九条　进口化妆品在取得检验检疫合格证明之前，应当存放在海关指定或者认可的场所，未经海关许可，任何单位和个人不得擅自调离、销售、使用。

第十条　海关受理报检后，对进口化妆品进行检验检疫，包括现场查验、抽样留样、实验室检验、出证等。

第十一条　现场查验内容包括货证相符情况、产品包装、标签版面格式、产品感官性状、运输工具、集装箱或者存放场所的卫生状况。

第十二条　进口化妆品成品的标签标注应当符合我国相关的法律、行政法规及国家技术规范的强制性要求。海关对化妆品标签内容是否符合法律、行政法规规定要求进行审核，对与质量有关的内容的真实性和准确性进行检验。

第十三条　进口化妆品的抽样应当按照国家有关规定执行，样品数量应当满足检验、复验、备查等使用需要。以下情况，应当加严抽样：

（一）首次进口的；

（二）曾经出现质量安全问题的；

（三）进口数量较大的。

抽样时，海关应当出具印有序列号、加盖检验检疫业务印章的《抽/采样凭证》，抽样人与收货人或者其代理人应当双方签字。

样品应当按照国家相关规定进行管理，合格样品保存至抽样后4个月，特殊用途化妆品合格样品保存至证书签发后一年，不合格样品应当保存至保质期结束。涉及案件调查的样品，应当保存至案件结束。

第十四条 需要进行实验室检验的，海关应当确定检验项目和检验要求，并将样品送具有相关资质的检验机构。检验机构应当按照要求实施检验，并在规定时间内出具检验报告。

第十五条 进口化妆品经检验检疫合格的，海关出具《入境货物检验检疫证明》，并列明货物的名称、品牌、原产国家（地区）、规格、数/重量、生产批号/生产日期等。进口化妆品取得《入境货物检验检疫证明》后，方可销售、使用。

进口化妆品经检验检疫不合格，涉及安全、健康、环境保护项目的，由海关责令当事人销毁，或者出具退货处理通知单，由当事人办理退运手续。其他项目不合格的，可以在海关的监督下进行技术处理，经重新检验检疫合格后，方可销售、使用。

第十六条 免税化妆品的收货人在向所在地直属海关申请备案时，应当提供本企业名称、地址、法定代表人、主管部门、经营范围、联系人、联系方式、产品清单等相关信息。

第十七条 离境免税化妆品应当实施进口检验，可免于加贴中文标签，免于标签的符合性检验。在《入境货物检验检疫证明》上注明该批产品仅用于离境免税店销售。

首次进口的离境免税化妆品，应当提供供货人出具的产品质量安全符合我国相关规定的声明、国外官方或者有关机构颁发的自由销售证明或者原产地证明、具有相关资质的机构出具的可能存在安全性风险物质的有关安全性评估资料、产品配方等。

海关总署对离岛免税化妆品实施检验检疫监督管理，具体办法另行制定。

第三章 出口化妆品检验检疫

第十八条 出口化妆品生产企业应当保证其出口化妆品符合进口国家（地区）标准或者合同要求。进口国家（地区）无相关标准且合同未有要求的，可以由海关总署指定相关标准。

第十九条 海关总署对出口化妆品生产企业实施备案管理。具体办法由海关总署另行制定。

第二十条 出口化妆品由产地海关实施检验检疫，口岸海关实施口岸查验。

口岸海关应当将查验不合格信息通报产地海关，并按规定将不合格信息上报上级海关。

第二十一条 出口化妆品生产企业应当建立质量管理体系并持续有效运行。海关对出口化妆品生产企业质量管理体系及运行情况进行日常监督检查。

第二十二条 出口化妆品生产企业应当建立原料采购、验收、使用管理制度，要求供应商提供原料的合格证明。

出口化妆品生产企业应当建立生产记录档案，如实记录化妆品生产过程的安全管理情况。

出口化妆品生产企业应当建立检验记录制度，依照相关规定要求对其出口化妆品进行检验，确保产品合格。

上述记录应当真实，保存期不得少于2年。

第二十三条 出口化妆品的发货人或者其代理人应当按照海关总署相关规定报检。其中首次出口的化妆品应当提供以下文件：

（一）出口化妆品生产企业备案材料；

（二）自我声明。声明企业已经取得化妆品生产许可证，且化妆品符合进口国家（地区）相关法规和标准的要求，正常使用不会对人体健康产生危害等内容；

（三）销售包装化妆品成品应当提交外文标签样张和中文翻译件。

第二十四条 海关受理报检后，对出口化妆品进行检验检疫，包括现场查验、抽样留样、实验室检验、出证等。

第二十五条　现场查验内容包括货证相符情况、产品感官性状、产品包装、标签版面格式、运输工具、集装箱或者存放场所的卫生状况。

第二十六条　出口化妆品的抽样应当按照国家有关规定执行，样品数量应当满足检验、复验、备查等使用需要。

抽样时，海关应当出具印有序列号、加盖检验检疫业务印章的《抽/采样凭证》，抽样人与发货人或者其代理人应当双方签字。

样品应当按照国家相关规定进行管理，合格样品保存至抽样后4个月，特殊用途化妆品合格样品保存至证书签发后一年，不合格样品应当保存至保质期结束。涉及案件调查的样品，应当保存至案件结束。

第二十七条　需要进行实验室检验的，海关应当确定检验项目和检验要求，并将样品送具有相关资质的检验机构。检验机构应当按照要求实施检验，并在规定时间内出具检验报告。

第二十八条　出口化妆品经检验检疫合格，进口国家（地区）对检验检疫证书有要求的，应当按照要求同时出具有关检验检疫证书。

出口化妆品经检验检疫不合格的，可以在海关的监督下进行技术处理，经重新检验检疫合格的，方准出口。不能进行技术处理或者技术处理后重新检验仍不合格的，不准出口。

第二十九条　来料加工全部复出口的化妆品，来料进口时，能够提供符合拟复出口国家（地区）法规或者标准的证明性文件的，可免于按照我国标准进行检验；加工后的产品，按照进口国家（地区）的标准进行检验检疫。

第四章　非贸易性化妆品检验检疫

第三十条　化妆品卫生许可或者备案用样品、企业研发和宣传用的非试用样品，进口报检时应当由收货人或者其代理人提供样品的使用和处置情况说明及非销售使用承诺书，入境口岸海关进行审核备案，数量在合理使用范围的，可免于检验。收货人应当如实记录化妆品流向，记录保存期限不得少于2年。

第三十一条　进口非试用或者非销售用的展品，报检时应当提供展会主办（主管）单位出具的参展证明，可以免予检验。展览结束后，在海关监督下作退回或者销毁处理。

第三十二条　携带、邮寄进境的个人自用化妆品（包括礼品），需要在入境口岸实施检疫的，应当实施检疫。

第三十三条　外国及国际组织驻华官方机构进口自用化妆品，进境口岸所在地海关实施查验。符合外国及国际组织驻华官方机构自用物品进境检验检疫相关规定的，免于检验。

第五章　监督管理

第三十四条　报检人对检验结果有异议而申请复验的，按照国家有关规定进行复验。

第三十五条　海关对进出口化妆品的生产经营者实施分类管理制度。

第三十六条　海关对进口化妆品的收货人、出口化妆品的生产企业和发货人实施诚信管理。对有不良记录的，应当加强检验检疫和监督管理。

第三十七条　海关总署对进出口化妆品安全实施风险监测制度，组织制定和实施年度进出口化妆品安全风险监控计划。主管海关根据海关总署进出口化妆品安全风险监测计划，组织对本辖区进出口化妆品实施监测并上报结果。

主管海关应当根据进出口化妆品风险监测结果，在风险分类的基础上调整对进出口化妆品的检验检疫和监管措施。

第三十八条 海关总署对进出口化妆品建立风险预警与快速反应机制。进出口化妆品发生质量安全问题，或者国内外发生化妆品质量安全问题可能影响到进出口化妆品安全时，海关总署和主管海关应当及时启动风险预警机制，采取快速反应措施。

第三十九条 海关总署可以根据风险类型和程度，决定并公布采取以下快速反应措施：

（一）有条件地限制进出口，包括严密监控、加严检验、责令召回等；

（二）禁止进出口，就地销毁或者作退运处理；

（三）启动进出口化妆品安全应急预案。

主管海关负责快速反应措施的实施工作。

第四十条 对不确定的风险，海关总署可以参照国际通行做法在未经风险评估的情况下直接采取临时性或者应急性的快速反应措施。同时，及时收集和补充有关信息和资料，进行风险评估，确定风险的类型和程度。

第四十一条 进口化妆品存在安全问题，可能或者已经对人体健康和生命安全造成损害的，收货人应当主动召回并立即向所在地海关报告。收货人应当向社会公布有关信息，通知销售者停止销售，告知消费者停止使用，做好召回记录。收货人不主动召回的，主管海关可以责令召回。必要时，由海关总署责令其召回。

出口化妆品存在安全问题，可能或者已经对人体健康和生命安全造成损害的，出口化妆品生产企业应当采取有效措施并立即向所在地海关报告。

主管海关应当将辖区内召回情况及时向海关总署报告。

第四十二条 海关对本办法规定必须经海关检验的进出口化妆品以外的进出口化妆品，根据国家规定实施抽查检验。

第六章 法律责任

第四十三条 未经海关许可，擅自将尚未经海关检验合格的进口化妆品调离指定或者认可监管场所，有违法所得的，由海关处违法所得3倍以下罚款，最高不超过3万元；没有违法所得的，处1万元以下罚款。

第四十四条 将进口非试用或者非销售用的化妆品展品用于试用或者销售，有违法所得的，由海关处违法所得3倍以下罚款，最高不超过3万元；没有违法所得的，处1万元以下罚款。

第四十五条 不履行退运、销毁义务的，由海关处以1万元以下罚款。

第四十六条 海关工作人员泄露所知悉的商业秘密的，依法给予行政处分，有违法所得的，没收违法所得；构成犯罪的，依法追究刑事责任。

第四十七条 进出口化妆品生产经营者、检验检疫工作人员有其他违法行为的，按照相关法律、行政法规的规定处理。

第七章 附 则

第四十八条 本办法下列用语的含义是：

（一）化妆品是指以涂、擦、散布于人体表面任何部位（表皮、毛发、指趾甲、口唇等）或者口腔粘膜、牙齿，以达到清洁、消除不良气味、护肤、美容和修饰目的的产品；

（二）化妆品半成品是指除最后一道"灌装"或者"分装"工序外，已完成其他全部生产加工工序的化妆品；

（三）化妆品成品包括销售包装化妆品成品和非销售包装化妆品成品；

（四）销售包装化妆品成品是指以销售为主要目的，已有销售包装，与内装物一起到达消费者手中的化妆品成品；

（五）非销售包装化妆品成品是指最后一道接触内容物的工序已经完成，但尚无销售包装的化妆品成品。

第四十九条 本办法由海关总署负责解释。

第五十条 本办法自2012年2月1日起施行。原国家出入境检验检疫局2000年4月1日施行的《进出口化妆品监督检验管理办法》（局令21号）同时废止。

中华人民共和国进出口商品检验法

（1989年2月21日第七届全国人民代表大会常务委员会第六次会议通过　根据2002年4月28日第九届全国人民代表大会常务委员会第二十七次会议《关于修改〈中华人民共和国进出口商品检验法〉的决定》第一次修正　根据2013年6月29日第十二届全国人民代表大会常务委员会第三次会议《关于修改〈中华人民共和国文物保护法〉等十二部法律的决定》第二次修正　根据2018年4月27日第十三届全国人民代表大会常务委员会第二次会议《关于修改〈中华人民共和国国境卫生检疫法〉等六部法律的决定》第三次修正　根据2018年12月29日第十三届全国人民代表大会常务委员会第七次会议《关于修改〈中华人民共和国产品质量法〉等五部法律的决定》第四次修正　根据2021年4月29日第十三届全国人民代表大会常务委员会第二十八次会议《关于修改〈中华人民共和国道路交通安全法〉等八部法律的决定》第五次修正）

第一章　总　则

第一条　为了加强进出口商品检验工作，规范进出口商品检验行为，维护社会公共利益和进出口贸易有关各方的合法权益，促进对外经济贸易关系的顺利发展，制定本法。

第二条　国务院设立进出口商品检验部门（以下简称国家商检部门），主管全国进出口商品检验工作。国家商检部门设在各地的进出口商品检验机构（以下简称商检机构）管理所辖地区的进出口商品检验工作。

第三条　商检机构和依法设立的检验机构（以下称其他检验机

构），依法对进出口商品实施检验。

第四条 进出口商品检验应当根据保护人类健康和安全、保护动物或者植物的生命和健康、保护环境、防止欺诈行为、维护国家安全的原则，由国家商检部门制定、调整必须实施检验的进出口商品目录（以下简称目录）并公布实施。

第五条 列入目录的进出口商品，由商检机构实施检验。

前款规定的进口商品未经检验的，不准销售、使用；前款规定的出口商品未经检验合格的，不准出口。

本条第一款规定的进出口商品，其中符合国家规定的免予检验条件的，由收货人或者发货人申请，经国家商检部门审查批准，可以免予检验。

第六条 必须实施的进出口商品检验，是指确定列入目录的进出口商品是否符合国家技术规范的强制性要求的合格评定活动。

合格评定程序包括：抽样、检验和检查；评估、验证和合格保证；注册、认可和批准以及各项的组合。

对本条第一款规定的进出口商品检验，商检机构可以采信检验机构的检验结果；国家商检部门对前述检验机构实行目录管理。

第七条 列入目录的进出口商品，按照国家技术规范的强制性要求进行检验；尚未制定国家技术规范的强制性要求的，应当依法及时制定，未制定之前，可以参照国家商检部门指定的国外有关标准进行检验。

第八条 其他检验机构可以接受对外贸易关系人或者外国检验机构的委托，办理进出口商品检验鉴定业务。

第九条 法律、行政法规规定由其他检验机构实施检验的进出口商品或者检验项目，依照有关法律、行政法规的规定办理。

第十条 国家商检部门和商检机构应当及时收集和向有关方面提供进出口商品检验方面的信息。

国家商检部门和商检机构的工作人员在履行进出口商品检验的职责中，对所知悉的商业秘密负有保密义务。

第二章　进口商品的检验

第十一条　本法规定必须经商检机构检验的进口商品的收货人或者其代理人，应当向报关地的商检机构报检。

第十二条　本法规定必须经商检机构检验的进口商品的收货人或者其代理人，应当在商检机构规定的地点和期限内，接受商检机构对进口商品的检验。商检机构应当在国家商检部门统一规定的期限内检验完毕，并出具检验证单。

第十三条　本法规定必须经商检机构检验的进口商品以外的进口商品的收货人，发现进口商品质量不合格或者残损短缺，需要由商检机构出证索赔的，应当向商检机构申请检验出证。

第十四条　对重要的进口商品和大型的成套设备，收货人应当依据对外贸易合同约定在出口国装运前进行预检验、监造或者监装，主管部门应当加强监督；商检机构根据需要可以派出检验人员参加。

第三章　出口商品的检验

第十五条　本法规定必须经商检机构检验的出口商品的发货人或者其代理人，应当在商检机构规定的地点和期限内，向商检机构报检。商检机构应当在国家商检部门统一规定的期限内检验完毕，并出具检验证单。

第十六条　经商检机构检验合格发给检验证单的出口商品，应当在商检机构规定的期限内报关出口；超过期限的，应当重新报检。

第十七条　为出口危险货物生产包装容器的企业，必须申请商检机构进行包装容器的性能鉴定。生产出口危险货物的企业，必须申请商检机构进行包装容器的使用鉴定。使用未经鉴定合格的包装容器的危险货物,不准出口。

第十八条 对装运出口易腐烂变质食品的船舱和集装箱,承运人或者装箱单位必须在装货前申请检验。未经检验合格的,不准装运。

第四章 监督管理

第十九条 商检机构对本法规定必须经商检机构检验的进出口商品以外的进出口商品,根据国家规定实施抽查检验。

国家商检部门可以公布抽查检验结果或者向有关部门通报抽查检验情况。

第二十条 商检机构根据便利对外贸易的需要,可以按照国家规定对列入目录的出口商品进行出厂前的质量监督管理和检验。

第二十一条 为进出口货物的收发货人办理报检手续的代理人办理报检手续时应当向商检机构提交授权委托书。

第二十二条 国家商检部门和商检机构依法对其他检验机构的进出口商品检验鉴定业务活动进行监督,可以对其检验的商品抽查检验。

第二十三条 国务院认证认可监督管理部门根据国家统一的认证制度,对有关的进出口商品实施认证管理。

第二十四条 认证机构可以根据国务院认证认可监督管理部门同外国有关机构签订的协议或者接受外国有关机构的委托进行进出口商品质量认证工作,准许在认证合格的进出口商品上使用质量认证标志。

第二十五条 商检机构依照本法对实施许可制度的进出口商品实行验证管理,查验单证,核对证货是否相符。

第二十六条 商检机构根据需要,对检验合格的进出口商品,可以加施商检标志或者封识。

第二十七条 进出口商品的报检人对商检机构作出的检验结果有异议的，可以向原商检机构或者其上级商检机构以至国家商检部门申请复验，由受理复验的商检机构或者国家商检部门及时作出复验结论。

第二十八条 当事人对商检机构、国家商检部门作出的复验结论不服或者对商检机构作出的处罚决定不服的，可以依法申请行政复议，也可以依法向人民法院提起诉讼。

第二十九条 国家商检部门和商检机构履行职责，必须遵守法律，维护国家利益，依照法定职权和法定程序严格执法，接受监督。

国家商检部门和商检机构应当根据依法履行职责的需要，加强队伍建设，使商检工作人员具有良好的政治、业务素质。商检工作人员应当定期接受业务培训和考核，经考核合格，方可上岗执行职务。

商检工作人员必须忠于职守，文明服务，遵守职业道德，不得滥用职权，谋取私利。

第三十条 国家商检部门和商检机构应当建立健全内部监督制度，对其工作人员的执法活动进行监督检查。

商检机构内部负责受理报检、检验、出证放行等主要岗位的职责权限应当明确，并相互分离、相互制约。

第三十一条 任何单位和个人均有权对国家商检部门、商检机构及其工作人员的违法、违纪行为进行控告、检举。收到控告、检举的机关应当依法按照职责分工及时查处，并为控告人、检举人保密。

第五章 法律责任

第三十二条 违反本法规定，将必须经商检机构检验的进口商品未报经检验而擅自销售或者使用的,或者将必须经商检机构检验的出口商品未报经检验合格而擅自出口的,由商检机构没收违法所得,并处货值金额百分之五以上百分之二十以下的罚款;构成犯罪的,依法追究刑事责任。

第三十三条 进口或者出口属于掺杂掺假、以假充真、以次充好的商品或者以不合格进出口商品冒充合格进出口商品的,由商检机构责令停止进口或者出口,没收违法所得,并处货值金额百分之五十以上三倍以下的罚款;构成犯罪的,依法追究刑事责任。

第三十四条 伪造、变造、买卖或者盗窃商检单证、印章、标志、封识、质量认证标志的,依法追究刑事责任;尚不够刑事处罚的,由商检机构、认证认可监督管理部门依据各自职责责令改正,没收违法所得,并处货值金额等值以下的罚款。

第三十五条 国家商检部门、商检机构的工作人员违反本法规定,泄露所知悉的商业秘密的,依法给予行政处分,有违法所得的,没收违法所得;构成犯罪的,依法追究刑事责任。

第三十六条 国家商检部门、商检机构的工作人员滥用职权,故意刁难的,徇私舞弊,伪造检验结果的,或者玩忽职守,延误检验出证的,依法给予行政处分;构成犯罪的,依法追究刑事责任。

第六章 附 则

第三十七条 商检机构和其他检验机构依照本法的规定实施检验和办理检验鉴定业务,依照国家有关规定收取费用。

第三十八条 国务院根据本法制定实施条例。

第三十九条 本法自1989年8月1日起施行。

进口旧机电产品检验监督管理办法

（2015年11月23日国家质量监督检验检疫总局令第171号公布 根据2017年2月27日国家质量监督检验检疫总局令第187号《国家质量监督检验检疫总局关于修改〈进口旧机电产品检验监督管理办法〉的决定》第一次修正 根据2018年4月28日海关总署令第238号《海关总署关于修改部分规章的决定》第二次修正 根据2018年5月29日海关总署令第240号《海关总署关于修改部分规章的决定》第三次修正 根据2018年11月23日海关总署令第243号《海关总署关于修改部分规章的决定》第四次修正）

第一章 总 则

第一条 为了规范进口旧机电产品的检验监督管理工作，根据《中华人民共和国进出口商品检验法》及其实施条例以及中华人民共和国缔结或者参加的双边或者多边条约、协定和其他具有条约性质的文件的有关规定，制定本办法。

第二条 本办法适用于国家允许进口的，在中华人民共和国境内销售、使用的旧机电产品的检验监督管理。

本办法所称旧机电产品是指具有下列情形之一的机电产品：

（一）已经使用（不含使用前测试、调试的设备），仍具备基本功能和一定使用价值的；

（二）未经使用，但是超过质量保证期（非保修期）的；

（三）未经使用，但是存放时间过长，部件产生明显有形损耗的；

（四）新旧部件混装的；

（五）经过翻新的。

第三条 海关总署主管全国进口旧机电产品检验监督管理工作。主管海关负责所辖地区进口旧机电产品检验监督管理工作。

第四条 进口旧机电产品应当符合法律法规对安全、卫生、健康、环境保护、防止欺诈、节约能源等方面的规定，以及国家技术规范的强制性要求。

第五条 进口旧机电产品应当实施口岸查验、目的地检验以及监督管理。价值较高、涉及人身财产安全、健康、环境保护项目的高风险进口旧机电产品，还需实施装运前检验。

需实施装运前检验的进口旧机电产品清单由海关总署制定并在海关总署门户网站上公布。

进口旧机电产品的装运前检验结果与口岸查验、目的地检验结果不一致的，以口岸查验、目的地检验结果为准。

第六条 旧机电产品的进口商应当诚实守信，对社会和公众负责，对其进口的旧机电产品承担质量主体责任。

第二章 装运前检验

第七条 需实施装运前检验的进口旧机电产品，其收、发货人或者其代理人应当按照海关总署的规定申请主管海关或者委托检验机构实施装运前检验。

海关总署不予指定检验机构从事进口旧机电产品装运前检验。

装运前检验应当在货物启运前完成。

第八条 收、发货人或者其代理人申请海关实施装运前检验的，海关可以根据需要，组织实施或者派出检验人员参加进口旧机电产品装运前检验。

第九条 进口旧机电产品装运前检验应当按照国家技术规范的

强制性要求实施。

装运前检验内容包括：

（一）对安全、卫生、健康、环境保护、防止欺诈、能源消耗等项目做出初步评价；

（二）核查产品品名、数量、规格（型号）、新旧、残损情况是否与合同、发票等贸易文件所列相符；

（三）是否包括、夹带禁止进口货物。

第十条 检验机构接受委托实施装运前检验的，应当诚实守信，按照本办法第九条以及海关总署的规定实施装运前检验。

第十一条 海关或者检验机构应当在完成装运前检验工作后，签发装运前检验证书，并随附装运前检验报告。

检验证书及随附的检验报告应当符合以下要求：

（一）检验依据准确、检验情况明晰、检验结果真实；

（二）有统一、可追溯的编号；

（三）检验报告应当包含检验依据、检验对象、现场检验情况、装运前检验机构及授权签字人签名等要求；

（四）检验证书不应含有检验报告中检验结论及处理意见为不符合本办法第四条规定的进口旧机电产品；

（五）检验证书及随附的检验报告文字应当为中文，若出具中外文对照的，以中文为准；

（六）检验证书应当有明确的有效期限，有效期限由签发机构根据进口旧机电产品情况确定，一般为半年或一年。

工程机械的检验报告除满足上述要素外，还应当逐台列明名称、HS编码、规格型号、产地、发动机号/车架号、制造日期（年）、运行时间（小时）、检测报告、维修记录、使用说明书核查情况等内容。

第三章 进口旧机电产品检验

第十二条 进口旧机电产品运抵口岸后，收货人或者其代理人应当凭合同、发票、装箱单、提单等资料向海关办理报检手续。需实施装运前检验的，报检前还应当取得装运前检验证书。

第十三条 口岸海关对进口旧机电产品实施口岸查验。

实施口岸查验时，应当对报检资料进行逐批核查。必要时，对进口旧机电产品与报检资料是否相符进行现场核查。

口岸查验的其他工作按口岸查验的相关规定执行。

第十四条 目的地海关对进口旧机电产品实施目的地检验。

第十五条 海关对进口旧机电产品的目的地检验内容包括：一致性核查，安全、卫生、环境保护等项目检验。

（一）一致性核查：

1. 核查产品是否存在外观及包装的缺陷或者残损；

2. 核查产品的品名、规格、型号、数量、产地等货物的实际状况是否与报检资料及装运前检验结果相符；

3. 对进口旧机电产品的实际用途实施抽查，重点核查特殊贸易方式进口旧机电产品的实际使用情况是否与申报情况一致。

（二）安全项目检验：

1. 检查产品表面缺陷、安全标识和警告标记；

2. 检查产品在静止状态下的电气安全和机械安全；

3. 检验产品在运行状态下的电气安全和机械安全，以及设备运行的可靠性和稳定性。

（三）卫生、环境保护项目检验：

1. 检查产品卫生状况，涉及食品安全项目的食品加工机械及家用电器是否符合相关强制性标准；

2. 检测产品在运行状态下的噪声、粉尘含量、辐射以及排放物是否符合标准；

3.检验产品是否符合我国能源效率有关限定标准。

（四）对装运前检验发现的不符合项目采取技术和整改措施的有效性进行验证，对装运前检验未覆盖的项目实施检验；必要时对已实施的装运前检验项目实施抽查。

（五）其他项目的检验依照同类机电产品检验的有关规定执行。

第十六条　经目的地检验，涉及人身财产安全、健康、环境保护项目不合格的，由海关责令收货人销毁、退运；其他项目不合格的，可以在海关的监督下进行技术处理，经重新检验合格的，方可销售或者使用。

经目的地检验不合格的进口旧机电产品，属成套设备及其材料的，签发不准安装使用通知书。经技术处理，并经海关重新检验合格的，方可安装使用。

第四章　监督管理

第十七条　海关对进口旧机电产品收货人及其代理人、进口商及其代理人、装运前检验机构及相关活动实施监督管理。

第十八条　检验机构应当对其所出具的装运前检验证书及随附的检验报告的真实性、准确性负责。

海关在进口旧机电产品检验监管工作中，发现检验机构出具的检验证书及随附的检验报告存在违反本办法第十一条规定，情节严重或引起严重后果的，可以发布警示通报并决定在一定时期内不予认可其出具的检验证书及随附的检验报告，但最长不得超过3年。

第十九条　进口旧机电产品的进口商应当建立产品进口、销售和使用记录制度，如实记录进口旧机电产品的品名、规格、数量、出口商和购货者名称及联系方式、交货日期等内容。记录应当真实，保存期限不得少于2年。

海关可以对本辖区内进口商的进口、销售和使用记录进行检查。

第二十条 海关对进口旧机电产品检验监管过程中发现的质量安全问题依照风险预警及快速反应的有关规定进行处置。

第二十一条 海关工作人员在履行进口旧机电产品检验监管职责中，对所知悉的商业秘密负有保密义务。

海关履行进口旧机电产品检验监管职责，应当遵守法律，维护国家利益，依照法定职权和法定程序严格执法，接受监督。

第五章 法律责任

第二十二条 擅自销售、使用未报检或者未经检验的进口旧机电产品，由海关按照《中华人民共和国进出口商品检验法实施条例》没收违法所得，并处进口旧机电产品货值金额5%以上20%以下罚款；构成犯罪的，依法追究刑事责任。

第二十三条 销售、使用经法定检验、抽查检验或者验证不合格的进口旧机电产品，由海关按照《中华人民共和国进出口商品检验法实施条例》责令停止销售、使用，没收违法所得和违法销售、使用的进口旧机电产品，并处违法销售、使用的进口旧机电产品货值金额等值以上3倍以下罚款；构成犯罪的，依法追究刑事责任。

第二十四条 擅自调换海关抽取的样品或者海关检验合格的进口旧机电产品的，由海关按照《中华人民共和国进出口商品检验法实施条例》责令改正，给予警告；情节严重的，并处旧机电产品货值金额10%以上50%以下罚款。

第二十五条 进口旧机电产品的收货人、代理报检企业或者报检人员不如实提供进口旧机电产品的真实情况，取得海关的有关单证，或者对法定检验的进口旧机电产品不予报检，逃避进口旧机电产品检验的，由海关按照《中华人民共和国进出口商品检验法实施条例》没收违法所得，并处进口旧机电产品货值金额5%以上20%以下罚款。

第二十六条　进口国家允许进口的旧机电产品未按照规定进行装运前检验的，按照国家有关规定予以退货；情节严重的，由海关按照《中华人民共和国进出口商品检验法实施条例》并处100万元以下罚款。

第二十七条　伪造、变造、买卖、盗窃或者使用伪造、变造的海关出具的装运前检验证书及检验报告，构成犯罪的，依法追究刑事责任；尚不够刑事处罚的，由海关按照《中华人民共和国进出口商品检验法实施条例》责令改正，没收违法所得，并处商品货值金额等值以下罚款。

第二十八条　海关工作人员在履行进口旧机电产品检验监管职责中应当秉公执法、忠于职守，不得滥用职权、玩忽职守、徇私舞弊；违法失职的，依法追究责任。

第六章　附　则

第二十九条　经特殊监管区进口的旧机电产品，按照本办法执行。

第三十条　进口旧机电产品涉及的动植物检疫和卫生检疫工作，按照进出境动植物检疫和国境卫生检疫法律法规的规定执行。

第三十一条　进口国家禁止进口的旧机电产品，应当予以退货或者销毁。

第三十二条　本办法由海关总署负责解释。

第三十三条　本办法自2016年1月1日起施行。国家质量监督检验检疫总局于2002年12月31日发布的《进口旧机电产品检验监督管理办法》和2003年8月18日发布的《进口旧机电产品检验监督程序规定》同时废止。

保税区检验检疫监督管理办法

（2005年1月12日国家质量监督检验检疫总局令第71号公布 根据2018年4月28日海关总署令第238号《海关总署关于修改部分规章的决定》第一次修正 根据2018年5月29日海关总署令第240号《海关总署关于修改部分规章的决定》第二次修正 根据2018年11月23日海关总署令第243号《海关总署关于修改部分规章的决定》第三次修正）

第一章 总 则

第一条 为加强和规范保税区检验检疫监督管理工作，促进国家经济贸易的快速健康发展，根据《中华人民共和国进出口商品检验法》及其实施条例、《中华人民共和国进出境动植物检疫法》及其实施条例、《中华人民共和国国境卫生检疫法》及其实施细则、《中华人民共和国食品安全法》及其他有关法律法规，制定本办法。

第二条 本办法适用于对进出保税区，法律法规规定应当实施检验检疫的货物及其包装物、铺垫材料、运输工具、集装箱（以下简称应检物）的检验检疫及监督管理工作。

第三条 海关总署统一管理全国保税区的检验检疫监督管理工作。主管海关对进出保税区的应检物实施检验检疫和监督管理。

第四条 进出保税区的应检物需要办理检验检疫审批手续的，应当按照检验检疫法律法规的规定办理审批手续。

第五条 应检物进出保税区时，收发货人（货主）或者其代理人应当按照有关规定向主管海关办理报检手续，主管海关按照国家有关法律、法规、规章以及相关的规定实施检验检疫。

第六条　海关按照简便、有效的原则对进出保税区的应检物实施检验检疫。

第二章　输入保税区应检物的检验检疫

第七条　从境外进入保税区的应检物，属于卫生检疫范围的，由海关实施卫生检疫；应当实施卫生处理的，在海关的监督下，依法进行卫生处理。

第八条　从境外进入保税区的应检物，属于动植物检疫范围的，由海关实施动植物检疫；应当实施动植物检疫除害处理的，在海关的监督下，依法进行除害处理。

第九条　海关对从境外进入保税区的可以用作原料的固体废物、旧机电产品、成套设备实施检验和监管，对在保税区内存放的货物不实施检验。

第十条　保税区内企业从境外进入保税区的仓储物流货物以及自用的办公用品、出口加工所需原材料、零部件免予实施强制性产品认证。

第三章　输出保税区应检物的检验检疫

第十一条　从保税区输往境外的应检物，海关依法实施检验检疫。

第十二条　从保税区输往非保税区的应检物，除法律法规另有规定的，不实施检验。

第十三条　从保税区输往非保税区的应检物，属于实施食品卫生监督检验和商品检验范围的，海关实施检验。对于集中入境分批出区的货物，可以分批报检，分批检验；符合条件的，可以于入境时集中报检，集中检验，经检验合格的出区时分批核销。

第十四条 按照本办法第九条的规定在入境时已经实施检验的保税区内的货物,输往非保税区的,不实施检验。

从非保税区进入保税区的货物,又输往非保税区的,不实施检验。

第十五条 从保税区输往非保税区的应检物,列入强制性产品认证目录的,应当取得相应的认证证书,其产品上应当加贴强制性产品认证标志。海关对相应认证证书电子数据进行系统自动比对验核。

第十六条 从非保税区进入保税区后不经加工直接出境的,已取得产地海关签发的检验检疫合格证明的,保税区海关不再实施检验检疫。超过检验检疫有效期、变更输入国家或地区并又有不同检验检疫要求、改换包装或重新拼装、已撤销报检的,应当按规定重新报检。

第十七条 保税区内企业加工出境产品,符合有关规定的,可以向海关申请签发普惠制原产地证书或者一般原产地证书、区域性优惠原产地证书、专用原产地证书等。

第四章 经保税区转口的应检物的检验检疫

第十八条 经保税区转口的动植物、动植物产品和其他检疫物,入境报检时应当提供输出国家或者地区政府部门出具的官方检疫证书;转口动物的,还应当取得海关总署签发的《动物过境许可证》,并在入境报检时提供输入国家或者地区政府部门签发的允许进境的证明。

第十九条 经保税区转口的应检物,在保税区短暂仓储,原包装转口出境并且包装密封状况良好,无破损、撒漏的,入境时仅实施外包装检疫,必要时进行防疫消毒处理。

第二十条 经保税区转口的应检物,由于包装不良以及在保税区内经分级、挑选、刷贴标签、改换包装形式等简单加工的原因，转口出境的，海关实施卫生检疫、动植物检疫以及食品卫生检验。

第二十一条　转口应检物出境时，除法律法规另有规定和输入国家或者地区政府要求入境时出具我国海关签发的检疫证书或者检疫处理证书的以外，一般不再实施检疫和检疫处理。

第五章　监督管理

第二十二条　保税区内从事加工、储存出入境动植物产品的企业应当符合有关检验检疫规定。

第二十三条　保税区内从事加工、储存出境食品的企业应当办理出口食品生产企业卫生注册登记，输入国家或者地区另有要求的，还应当符合输入国家或者地区的要求；加工、存储入境食品的企业应当按照食品企业通用卫生规范要求接受海关的监督管理。

第二十四条　保税区内设立检验检疫查验场地以及检疫熏蒸、消毒处理场所应当符合检验检疫有关要求。

第二十五条　海关按照有关法律法规规定对保税区实施疫情监测，对进出保税区的动植物及其产品的生产、加工、存放和调离过程实施检疫监督。

第二十六条　保税区内企业之间销售、转移进出口应检物，免予实施检验检疫。

第二十七条　入境动植物及其产品已经办理检疫审批的，需要变更审批事项的，应当申请变更检疫审批手续。

第六章　附　则

第二十八条　保税仓库、保税物流园区等区域的检验检疫和监督管理参照本办法执行。

第二十九条　对违反本办法规定的行为，海关依照有关法律法规规定予以行政处罚。

第三十条 本办法由海关总署负责解释。

第三十一条 本办法自2005年3月1日起施行。原中华人民共和国动植物检疫局1998年4月10日发布的《保税区动植物检疫管理办法》同时废止。

进境动植物检疫审批管理办法

（2002年8月2日国家质量监督检验检疫总局令第25号公布 根据2015年11月25日国家质量监督检验检疫总局令第170号《国家质量监督检验检疫总局关于修改〈进境动植物检疫审批管理办法〉的决定》第一次修正 根据2018年4月28日海关总署令第238号《海关总署关于修改部分规章的决定》第二次修正 根据2018年5月29日海关总署令第240号《海关总署关于修改部分规章的决定》第三次修正 根据2023年3月9日海关总署令第262号《海关总署关于修改部分规章的决定》第四次修正）

第一章 总 则

第一条 为进一步加强对进境动植物检疫审批的管理工作，防止动物传染病、寄生虫病和植物危险性病虫杂草以及其他有害生物的传入，根据《中华人民共和国进出境动植物检疫法》（以下简称进出境动植物检疫法）及其实施条例的有关规定，制定本办法。

第二条 本办法适用于对进出境动植物检疫法及其实施条例以及国家有关规定需要审批的进境动物（含过境动物）、动植物产品和需要特许审批的禁止进境物的检疫审批。

海关总署根据法律法规的有关规定以及国务院有关部门发布的禁止进境物名录，制定、调整并发布需要检疫审批的动植物及其产品名录。

第三条 海关总署统一管理本办法所规定的检疫审批工作。

由海关总署负责实施的检疫审批事项,海关总署可以委托直属海关负责受理申请并开展初步审查。

海关总署授权直属海关实施的检疫审批事项,由直属海关负责检疫审批的受理、审查和决定。

第二章 申 请

第四条 申请办理检疫审批手续的单位(以下简称申请单位)应当是具有独立法人资格并直接对外签订贸易合同或者协议的单位。

过境动物的申请单位应当是具有独立法人资格并直接对外签订贸易合同或者协议的单位或者其代理人。

第五条 申请单位应当在签订贸易合同或者协议前,向审批机构提出申请并取得《检疫许可证》。

过境动物在过境前,申请单位应当向海关总署提出申请并取得《检疫许可证》。

第六条 申请单位应当提供下列材料:

(一)输入动物需要隔离检疫的,应当提交有效的隔离场使用证;

(二)输入进境后需要指定生产、加工、存放的动植物及其产品,应当提交生产、加工、存放单位信息以及符合海关要求的生产、加工、存放能力证明材料;

(三)办理动物过境的,应当说明过境路线,并提供输出国家或者地区官方检疫部门出具的动物卫生证书(复印件)和输入国家或者地区官方检疫部门出具的准许动物进境的证明文件;

(四)因科学研究等特殊需要,引进进出境动植物检疫法第五条第一款所列禁止进境物的,必须提交书面申请,说明其数量、用途、引进方式、进境后的防疫措施、科学研究的立项报告及相关主管部门的批准立项证明文件。

第三章 审核批准

第七条 海关对申请单位检疫审批申请进行审查的内容包括：

（一）申请单位提交的材料是否齐全，是否符合本办法第四条、第六条的规定；

（二）输出和途经国家或者地区有无相关的动植物疫情；

（三）是否符合中国有关动植物检疫法律法规和部门规章的规定；

（四）是否符合中国与输出国家或者地区签订的双边检疫协定（包括检疫协议、议定书、备忘录等）；

（五）进境后需要对生产、加工过程实施检疫监督的动植物及其产品，审查其运输、生产、加工、存放及处理等环节是否符合检疫防疫及监管条件，根据生产、加工企业的加工能力核定其进境数量；

（六）可以核销的进境动植物产品，应当按照有关规定审核其上一次审批的《检疫许可证》的使用、核销情况。

第八条 海关认为必要时，可以组织有关专家对申请进境的产品进行风险分析，申请单位有义务提供有关资料和样品进行检测。

第九条 海关总署及其授权的直属海关自受理申请之日起二十日内作出准予许可或者不予许可决定。二十日内不能作出决定的，经海关总署负责人或者授权的直属海关负责人批准，可以延长十日，并应当将延长期限的理由告知申请单位。

法律、行政法规另有规定的，从其规定。

第四章 许可单证的管理和使用

第十条 《检疫许可证》的有效期为十二个月或者一次有效。

第十一条 按照规定可以核销的进境动植物产品，在许可数量范围内分批进口、多次报检使用《检疫许可证》的，进境口岸海关应当在《检疫许可证》所附检疫物进境核销表中进行核销登记。

第十二条 有下列情况之一的，申请单位应当重新申请办理《检疫许可证》：

（一）变更进境检疫物的品种或者超过许可数量百分之五以上的；

（二）变更输出国家或者地区的；

（三）变更进境口岸、指运地或者运输路线的。

第十三条 国家依法发布禁止有关检疫物进境的公告或者禁令后，海关可以撤回已签发的《检疫许可证》。

根据本办法第十一条规定许可数量全部核销完毕或者《检疫许可证》有效期届满未延续的，海关应当依法办理检疫审批的注销手续。

其他依法应当撤回、撤销、注销检疫审批的，海关按照相关法律法规办理。

第十四条 申请单位取得许可证后，不得买卖或者转让。口岸海关在受理报检时，必须审核许可证的申请单位与检验检疫证书上的收货人、贸易合同的签约方是否一致，不一致的不得受理报检。

第五章 附 则

第十五条 申请单位违反本办法规定的，由海关依据有关法律法规的规定予以处罚。

第十六条 海关及其工作人员在办理进境动植物检疫审批工作时，必须遵循公开、公正、透明的原则，依法行政，忠于职守，自觉接受社会监督。

海关工作人员违反法律法规及本办法规定，滥用职权，徇私舞弊，故意刁难的，由其所在单位或者上级机构按照规定查处。

第十七条 本办法由海关总署负责解释。

第十八条 本办法自2002年9月1日起施行。

进出境粮食检验检疫监督管理办法

（2016年1月20日国家质量监督检验检疫总局令第177号公布 根据2018年4月28日海关总署令第238号《海关总署关于修改部分规章的决定》第一次修正 根据2018年5月29日海关总署令第240号《海关总署关于修改部分规章的决定》第二次修正 根据2018年11月23日海关总署令第243号《海关总署关于修改部分规章的决定》第三次修正）

第一章 总 则

第一条 根据《中华人民共和国进出境动植物检疫法》及其实施条例、《中华人民共和国食品安全法》及其实施条例、《中华人民共和国进出口商品检验法》及其实施条例、《农业转基因生物安全管理条例》《国务院关于加强食品等产品安全监督管理的特别规定》等法律法规的规定，制定本办法。

第二条 本办法适用于进出境（含过境）粮食检验检疫监督管理。

本办法所称粮食，是指用于加工、非繁殖用途的禾谷类、豆类、油料类等作物的籽实以及薯类的块根或者块茎等。

第三条 海关总署统一管理全国进出境粮食检验检疫监督管理工作。

主管海关负责所辖区域内进出境粮食的检验检疫监督管理工作。

第四条 海关总署及主管海关对进出境粮食质量安全实施风险管理，包括在风险分析的基础上，组织开展进出境粮食检验检疫准入，包括产品携带有害生物风险分析、监管体系评估与审查、确定检验检疫要求、境外生产企业注册登记等。

第五条 进出境粮食收发货人及生产、加工、存放、运输企业应当依法从事生产经营活动，建立并实施粮食质量安全控制体系和疫情防控体系，对进出境粮食质量安全负责，诚实守信，接受社会监督，承担社会责任。

第二章 进境检验检疫

第一节 注册登记

第六条 海关总署对进境粮食境外生产、加工、存放企业（以下简称境外生产加工企业）实施注册登记制度。

境外生产加工企业应当符合输出国家或者地区法律法规和标准的相关要求，并达到中国有关法律法规和强制性标准的要求。

实施注册登记管理的进境粮食境外生产加工企业，经输出国家或者地区主管部门审查合格后向海关总署推荐。海关总署收到推荐材料后进行审查确认，符合要求的国家或者地区的境外生产加工企业，予以注册登记。

境外生产加工企业注册登记有效期为4年。

需要延期的境外生产加工企业，由输出国家或者地区主管部门在有效期届满6个月前向海关总署提出延期申请。海关总署确认后，注册登记有效期延长4年。必要时，海关总署可以派出专家到输出国家或者地区对其监管体系进行回顾性审查，并对申请延期的境外生产加工企业进行抽查。

注册登记的境外生产加工企业向中国输出粮食经检验检疫不合格，情节严重的，海关总署可以撤销其注册登记。

第七条 向我国出口粮食的境外生产加工企业应当获得输出国

家或者地区主管部门的认可，具备过筛清杂、烘干、检测、防疫等质量安全控制设施及质量管理制度，禁止添加杂质。

根据情况需要，海关总署组织专家赴境外实施体系性考察，开展疫情调查，生产、加工、存放企业检查及预检监装等工作。

第二节　检验检疫

第八条　海关总署对进境粮食实施检疫准入制度。

首次从输出国家或者地区进口某种粮食，应当由输出国家或者地区官方主管机构向海关总署提出书面申请，并提供该种粮食种植及储运过程中发生有害生物的种类、为害程度及防控情况和质量安全控制体系等技术资料。特殊情况下，可以由进口企业申请并提供技术资料。海关总署可以组织开展进境粮食风险分析、实地考察及对外协商。

海关总署依照国家法律法规及国家技术规范的强制性要求等，制定进境粮食的具体检验检疫要求，并公布允许进境的粮食种类及来源国家或者地区名单。

对于已经允许进境的粮食种类及相应来源国家或者地区，海关总署将根据境外疫情动态、进境疫情截获及其他质量安全状况，组织开展进境粮食具体检验检疫要求的回顾性审查，必要时派专家赴境外开展实地考察、预检、监装及对外协商。

第九条　进境粮食应当从海关总署指定的口岸入境。指定口岸条件及管理规范由海关总署制定。

第十条　海关总署对进境粮食实施检疫许可制度。进境粮食货主应当在签订贸易合同前，按照《进境动植物检疫审批管理办法》等规定申请办理检疫审批手续，取得《中华人民共和国进境动植物检疫许可证》（以下简称《检疫许可证》），并将国家粮食质量安全要求、植物检疫要求及《检疫许可证》中规定的相关要求列入贸易合同。

因口岸条件限制等原因，进境粮食应当运往符合防疫及监管条件的指定存放、加工场所（以下简称指定企业），办理《检疫许可证》时，货主或者其代理人应当明确指定场所并提供相应证明文件。

未取得《检疫许可证》的粮食，不得进境。

第十一条 海关按照下列要求，对进境粮食实施检验检疫：

（一）中国政府与粮食输出国家或者地区政府签署的双边协议、议定书、备忘录以及其他双边协定确定的相关要求；

（二）中国法律法规、国家技术规范的强制性要求和海关总署规定的检验检疫要求；

（三）《检疫许可证》列明的检疫要求。

第十二条 货主或者其代理人应当在粮食进境前向进境口岸海关报检，并按要求提供以下材料：

（一）粮食输出国家或者地区主管部门出具的植物检疫证书；

（二）产地证书；

（三）贸易合同、提单、装箱单、发票等贸易凭证；

（四）双边协议、议定书、备忘录确定的和海关总署规定的其他单证。

进境转基因粮食的，还应当取得《农业转基因生物安全证书》。海关对《农业转基因生物安全证书》电子数据进行系统自动比对验核。

鼓励货主向境外粮食出口商索取由输出国家或者地区主管部门，或者由第三方检测机构出具的品质证书、卫生证书、适载证书、重量证书等其他单证。

第十三条 进境粮食可以进行随航熏蒸处理。

现场查验前，进境粮食承运人或者其代理人应当向进境口岸海关书面申报进境粮食随航熏蒸处理情况，并提前实施通风散气。未申报的，海关不实施现场查验；经现场检查，发现熏蒸剂残留物，或者熏蒸残留气体浓度超过安全限量的，暂停检验检疫及相关现场查验活动；熏蒸剂残留物经有效清除且熏蒸残留气体浓度低于安全限量后，方可恢复现场查验活动。

第十四条　使用船舶装载进境散装粮食的，海关应当在锚地对货物表层实施检验检疫，无重大异常质量安全情况后船舶方可进港，散装粮食应当在港口继续接受检验检疫。

需直接靠泊检验检疫的，应当事先征得海关的同意。

以船舶集装箱、火车、汽车等其他方式进境粮食的，应当在海关指定的查验场所实施检验检疫，未经海关同意不得擅自调离。

第十五条　海关应当对进境粮食实施现场检验检疫。现场检验检疫包括：

（一）货证核查。核对证单与货物的名称、数（重）量、出口储存加工企业名称及其注册登记号等信息。船舶散装的，应当核查上一航次装载货物及清仓检验情况，评估对装载粮食的质量安全风险；集装箱装载的，应当核查集装箱箱号、封识等信息。

（二）现场查验。重点检查粮食是否水湿、发霉、变质，是否携带昆虫及杂草籽等有害生物，是否有混杂粮谷、植物病残体、土壤、熏蒸剂残渣、种衣剂污染、动物尸体、动物排泄物及其他禁止进境物等。

（三）抽取样品。根据有关规定和标准抽取样品送实验室检测。

（四）其他现场查验活动。

第十六条　海关应当按照相关工作程序及标准，对现场查验抽取的样品及发现的可疑物进行实验室检测鉴定，并出具检验检疫结果单。

实验室检测样品应当妥善存放并至少保留3个月。如检测异常需要对外出证的，样品应当至少保留6个月。

第十七条　进境粮食有下列情形之一的，应当在海关监督下，在口岸锚地、港口或者指定的检疫监管场所实施熏蒸、消毒或者其他除害处理：

（一）发现检疫性有害生物或者其他具有检疫风险的活体有害昆虫，且可能造成扩散的；

（二）发现种衣剂、熏蒸剂污染、有毒杂草籽超标等安全卫生问题，且有有效技术处理措施的；

（三）其他原因造成粮食质量安全受到危害的。

第十八条　进境粮食有下列情形之一的，作退运或者销毁处理：

（一）未列入海关总署进境准入名单，或者无法提供输出粮食国家或者地区主管部门出具的《植物检疫证书》等单证的，或者无《检疫许可证》的；

（二）有毒有害物质以及其他安全卫生项目检测结果不符合国家技术规范的强制性要求，且无法改变用途或者无有效处理方法的；

（三）检出转基因成分，无《农业转基因生物安全证书》，或者与证书不符的；

（四）发现土壤、检疫性有害生物以及其他禁止进境物且无有效检疫处理方法的；

（五）因水湿、发霉等造成腐败变质或者受到化学、放射性等污染，无法改变用途或者无有效处理方法的；

（六）其他原因造成粮食质量安全受到严重危害的。

第十九条　进境粮食经检验检疫后，海关签发入境货物检验检疫证明等相关单证；经检验检疫不合格的，由海关签发《检验检疫处理通知书》、相关检验检疫证书。

第二十条　海关对进境粮食实施检疫监督。进境粮食应当在具备防疫、处理等条件的指定场所加工使用。未经有效的除害处理或加工处理，进境粮食不得直接进入市场流通领域。

进境粮食装卸、运输、加工、下脚料处理等环节应当采取防止撒漏、密封等防疫措施。进境粮食加工过程应当具备有效杀灭杂草籽、病原菌等有害生物的条件。粮食加工下脚料应当进行有效的热处理、粉碎或者焚烧等除害处理。

海关应当根据进境粮食检出杂草等有害生物的程度、杂质含量及其他质量安全状况，并结合拟指定加工、运输企业的防疫处理条件等因素，确定进境粮食的加工监管风险等级，并指导与监督相关企业做好疫情控制、监测等安全防控措施。

第二十一条 进境粮食用作储备、期货交割等特殊用途的，其生产、加工、存放应当符合海关总署相应检验检疫监督管理规定。

第二十二条 因科研、参展、样品等特殊原因而少量进境未列入海关总署准入名单内粮食的，应当按照有关规定提前申请办理进境特许检疫审批并取得《检疫许可证》。

第二十三条 进境粮食装卸、储存、加工涉及不同海关的，各相关海关应当加强沟通协作，建立相应工作机制，及时互相通报检验检疫情况及监管信息。

对于分港卸货的进境粮食，海关应当在放行前及时相互通报检验检疫情况。需要对外方出证的，相关海关应当充分协商一致，并按相关规定办理。

对于调离进境口岸的进境粮食，口岸海关应当在调离前及时向指运地海关开具进境粮食调运联系单。

第二十四条 境外粮食需经我国过境的，货主或者其代理人应当提前向海关总署或者主管海关提出申请，提供过境路线、运输方式及管理措施等，由海关总署组织制定过境粮食检验检疫监管方案后，方可依照该方案过境，并接受主管海关的监督管理。

过境粮食应当密封运输，杜绝撒漏。未经主管海关批准，不得开拆包装或者卸离运输工具。

第三章 出境检验检疫

第一节 注册登记

第二十五条 输入国家或者地区要求中国对向其输出粮食生产、加工、存放企业（以下简称出境生产加工企业）注册登记的，直属海关负责组织注册登记，并向海关总署备案。

第二十六条 出境粮食生产加工企业应当满足以下要求：

（一）具有法人资格，在工商行政管理部门注册，持有《企业法人营业执照》；

（二）建立涉及本企业粮食业务的全流程管理制度并有效运行，各台账记录清晰完整，能准确反映入出库粮食物流信息，具备可追溯性，台账保存期限不少于2年；

（三）具有过筛清杂、烘干、检测、防疫等质量安全控制设施以及有效的质量安全和溯源管理体系；

（四）建立有害生物监控体系，配备满足防疫需求的人员，具有对虫、鼠、鸟等的防疫措施及能力；

（五）不得建在有碍粮食卫生和易受有害生物侵染的区域。仓储区内不得兼营、生产、存放有毒有害物质。库房和场地应当硬化、平整、无积水。粮食分类存放，离地、离墙，标识清晰。

第二节 检验检疫

第二十七条 装运出境粮食的船舶、集装箱等运输工具的承运人、装箱单位或者其代理人，应当在装运前向海关申请清洁、卫生、密固等适载检验。未经检验检疫或者检验检疫不合格的，不得装运。

第二十八条 货主或者其代理人应当在粮食出境前向储存或者

加工企业所在地海关报检，并提供贸易合同、发票、自检合格证明等材料。

贸易方式为凭样成交的，还应当提供成交样品。

第二十九条　海关按照下列要求对出境粮食实施现场检验检疫和实验室项目检测：

（一）双边协议、议定书、备忘录和其他双边协定；

（二）输入国家或者地区检验检疫要求；

（三）中国法律法规、强制性标准和海关总署规定的检验检疫要求；

（四）贸易合同或者信用证注明的检疫要求。

第三十条　对经检验检疫符合要求，或者通过有效除害或者技术处理并经重新检验检疫符合要求的，海关按照规定签发《出境货物换证凭单》。输入国家或者地区要求出具检验检疫证书的，按照国家相关规定出具证书。输入国家或者地区对检验检疫证书形式或者内容有新要求的，经海关总署批准后，方可对证书进行变更。

经检验检疫不合格且无有效除害或者技术处理方法的，或者虽经过处理但经重新检验检疫仍不合格的，海关签发《出境货物不合格通知单》，粮食不得出境。

第三十一条　出境粮食检验有效期最长不超过2个月；检疫有效期原则定为21天，黑龙江、吉林、辽宁、内蒙古和新疆地区冬季（11月至次年2月底）可以酌情延长至35天。超过检验检疫有效期的粮食，出境前应当重新报检。

第三十二条　产地与口岸海关应当建立沟通协作机制，及时通报检验检疫情况等信息。

出境粮食经产地检验检疫合格后，出境口岸海关按照相关规定查验，重点检查货证是否相符、是否感染有害生物等。查验不合格的，不予放行。

出境粮食到达口岸后拼装的,应当重新报检,并实施检疫。出境粮食到达口岸后因变更输入国家或者地区而有不同检验检疫要求的,应当重新报检,并实施检验检疫。

第四章　风险及监督管理

第一节　风险监测及预警

第三十三条　海关总署对进出境粮食实施疫情监测制度,相应的监测技术指南由海关总署制定。

海关应当在粮食进境港口、储存库、加工厂周边地区、运输沿线粮食换运、换装等易洒落地段等,开展杂草等检疫性有害生物监测与调查。发现疫情的,应当及时组织相关企业采取应急处置措施,并分析疫情来源,指导企业采取有效的整改措施。相关企业应当配合实施疫情监测及铲除措施。

根据输入国家或者地区的检疫要求,海关应当在粮食种植地、出口储存库及加工企业周边地区开展疫情调查与监测。

第三十四条　海关总署对进出境粮食实施安全卫生项目风险监控制度,制定进出境粮食安全卫生项目风险监控计划。

第三十五条　海关总署及主管海关建立粮食质量安全信息收集报送系统,信息来源主要包括:

(一)进出境粮食检验检疫中发现的粮食质量安全信息;

(二)进出境粮食贸易、储存、加工企业质量管理中发现的粮食质量安全信息;

(三)海关实施疫情监测、安全卫生项目风险监控中发现的粮食质量安全信息;

(四)国际组织、境外政府机构、国内外行业协会及消费者反映的粮食质量安全信息;

（五）其他关于粮食质量安全风险的信息。

第三十六条　海关总署及主管海关对粮食质量安全信息进行风险评估，确定相应粮食的风险级别，并实施动态的风险分级管理。依据风险评估结果，调整进出境粮食检验检疫管理及监管措施方案、企业监督措施等。

第三十七条　进出境粮食发现重大疫情和重大质量安全问题的，海关总署及主管海关依照相关规定，采取启动应急处置预案等应急处置措施，并发布警示通报。当粮食安全风险已不存在或者降低到可接受的水平时，海关总署及主管海关应当及时解除警示通报。

第三十八条　海关总署及主管海关根据情况将重要的粮食安全风险信息向地方政府、农业和粮食行政管理部门、国外主管机构、进出境粮食企业等相关机构和单位进行通报，并协同采取必要措施。粮食安全信息公开应当按照相关规定程序进行。

第二节　监督管理

第三十九条　拟从事进境粮食存放、加工业务的企业可以向所在地主管海关提出指定申请。

主管海关按照海关总署制定的有关要求，对申请企业的申请材料、工艺流程等进行检验评审，核定存放、加工粮食种类、能力。

从事进境粮食储存、加工的企业应当具备有效的质量安全及溯源管理体系，符合防疫、处理等质量安全控制要求。

第四十条　海关对指定企业实施检疫监督。

指定企业、收货人及代理人发现重大疫情或者公共卫生问题时，应当立即向所在地海关报告，海关应当按照有关规定处理并上报。

第四十一条　从事进出境粮食的收发货人及生产、加工、存放、运输企业应当建立相应的粮食进出境、接卸、运输、存放、加工、下脚料处理、发运流向等生产经营档案，做好质量追溯和安全防控等详细记录，记录至少保存2年。

第四十二条　进境粮食存在重大安全质量问题，已经或者可能会对人体健康或者农林牧渔业生产生态安全造成重大损害的，进境粮食收货人应当主动召回。采取措施避免或者减少损失发生，做好召回记录，并将召回和处理情况向所在地海关报告。

收货人不主动召回的，由直属海关发出责令召回通知书并报告海关总署。必要时，海关总署可以责令召回。

第四十三条　海关总署及主管海关根据质量管理、设施条件、安全风险防控、诚信经营状况，对企业实施分类管理。针对不同级别的企业，在粮食进境检疫审批、进出境检验检疫查验及日常监管等方面采取相应的检验检疫监管措施。具体分类管理规范由海关总署制定。

第五章　法律责任

第四十四条　有下列情形之一的，由海关按照《进出境动植物检疫法实施条例》规定处5000元以下罚款：

（一）未报检的；

（二）报检的粮食与实际不符的。

有前款第（二）项所列行为，已取得检疫单证的，予以吊销。

第四十五条　进境粮食未依法办理检疫审批手续或者未按照检疫审批规定执行的，由海关按照《进出境动植物检疫法实施条例》规定处5000元以下罚款。

第四十六条　擅自销售、使用未报检或者未经检验的列入必须实施检验的进出口商品目录的进出境粮食，由海关按照《进出口商品检验法实施条例》规定，没收非法所得，并处商品货值金额5%以上20%以下罚款。

第四十七条　进出境粮食收发货人生产、加工、存放、运输企业未按照本办法第四十一条的规定建立生产经营档案并做好记录的，由海关责令改正，给予警告；拒不改正的，处3000元以上1万元以下罚款。

第四十八条　有下列情形之一的，由海关按照《进出境动植物检疫法实施条例》规定，处3000元以上3万元以下罚款：

（一）未经海关批准，擅自将进境、过境粮食卸离运输工具，擅自将粮食运离指定查验场所的；

（二）擅自开拆过境粮食的包装，或者擅自开拆、损毁动植物检疫封识或者标志的。

第四十九条　列入必须实施检验的进出口商品目录的进出境粮食收发货人或者其代理人、报检人员不如实提供进出境粮食真实情况，取得海关有关证单，或者不予报检，逃避检验，由海关按照《进出口商品检验法实施条例》规定，没收违法所得，并处商品货值金额5%以上20%以下罚款。

第五十条　伪造、变造、买卖或者盗窃检验证单、印章、标志、封识、货物通关单或者使用伪造、变造的检验证单、印章、标志、封识，尚不够刑事处罚的，由海关按照《进出口商品检验法实施条例》规定，责令改正，没收违法所得，并处商品货值金额等值以下罚款。

第五十一条　有下列违法行为之一，尚不构成犯罪或者犯罪情节显著轻微依法不需要判处刑罚的，由海关按照《进出境动植物检疫法实施条例》规定，处2万元以上5万元以下的罚款：

（一）引起重大动植物疫情的；

（二）伪造、变造动植物检疫单证、印章、标志、封识的。

第五十二条　依照本办法规定注册登记的生产、加工、存放单位，进出境的粮食经检疫不合格，除依照本办法有关规定作退回、销毁或者除害处理外，情节严重的，由海关按照《进出境动植物检疫法实施条例》规定，注销注册登记。

第五十三条　擅自调换海关抽取的样品或者海关检验合格的进出境粮食的，由海关按照《进出口商品检验法实施条例》规定，责令改正，给予警告；情节严重的，并处商品货值金额10%以上50%以下罚款。

第五十四条　提供或者使用未经海关适载检验的集装箱、船舱、飞机、车辆等运载工具装运出境粮食的，由海关按照《进出口商品检验法实施条例》规定，处10万元以下罚款。

提供或者使用经海关检验不合格的集装箱、船舱、飞机、车辆等运载工具装运出境粮食的，由海关按照《进出口商品检验法实施条例》规定，处20万元以下罚款。

第五十五条　有下列情形之一的，由海关处3000元以上1万元以下罚款：

（一）进境粮食存在重大安全质量问题，或者可能会对人体健康或农林牧渔业生产生态安全造成重大损害的，没有主动召回的；

（二）进境粮食召回或者处理情况未向海关报告的；

（三）进境粮食未在海关指定的查验场所卸货的；

（四）进境粮食有本办法第十七条所列情形，拒不做有效的检疫处理的。

第五十六条　有下列情形之一的，由海关处3万元以下罚款：

（一）进出境粮食未按规定注册登记或者在指定场所生产、加工、存放的；

（二）买卖、盗窃动植物检疫单证、印章、标识、封识，或者使用伪造、变造的动植物检疫单证、印章、标识、封识的；

（三）使用伪造、变造的输出国家或者地区官方检疫证明文件的；

（四）拒不接受海关检疫监督的。

第五十七条　海关工作人员滥用职权，故意刁难，徇私舞弊，伪造检验检疫结果，或者玩忽职守，延误检验出证，依法给予行政处分；构成犯罪的，依法追究刑事责任。

第六章　附　则

第五十八条　进出境用作非加工而直接销售粮食的检验检疫监督管理，由海关总署另行规定。

第五十九条　以边贸互市方式的进出境小额粮食，参照海关总署相关规定执行。

第六十条　本办法由海关总署负责解释。

第六十一条　本办法自2016年7月1日起施行。国家质检总局2001年12月发布的《出入境粮食和饲料检验检疫管理办法》（国家质检总局令第7号）同时废止。此前进出境粮食检验检疫监管规定与本办法不一致的，以本办法为准。

进出境中药材检疫监督管理办法

（2015年10月21日国家质量监督检验检疫总局令第169号公布 根据2018年4月28日海关总署令第238号《海关总署关于修改部分规章的决定》第一次修正 根据2018年5月29日海关总署令第240号《海关总署关于修改部分规章的决定》第二次修正 根据2018年11月23日海关总署令第243号《海关总署关于修改部分规章的决定》第三次修正）

第一章 总 则

第一条 为加强进出境中药材检疫监督管理工作，防止动植物疫病疫情传入传出国境，保护农、林、牧、渔业生产和人体健康，保护生态安全，根据《中华人民共和国进出境动植物检疫法》及其实施条例等法律法规的规定，制定本办法。

第二条 本办法所称中药材是指药用植物、动物的药用部分，采收后经初加工形成的原料药材。

第三条 本办法适用于申报为药用的进出境中药材检疫及监督管理。

申报为食用的进出境中药材检验检疫及监督管理按照海关总署有关进出口食品的规定执行。

第四条 海关总署统一管理全国进出境中药材检疫及监督管理工作。

主管海关负责所辖地区的进出境中药材检疫及监督管理工作。

第五条 海关总署对进出境中药材实施用途申报制度。中药材进出境时，企业应当向主管海关申报预期用途，明确"药用"或者"食用"。

申报为"药用"的中药材应为列入《中华人民共和国药典》药材目录的物品。申报为"食用"的中药材应为国家法律、行政法规、规章、文件规定可用于食品的物品。

第六条 海关总署对进出境中药材实施风险管理；对向中国境内输出中药材的境外生产、加工、存放单位（以下简称境外生产企业）实施注册登记管理；按照输入国家或者地区的要求对出境中药材生产、加工、存放单位（以下简称出境生产企业）实施注册登记管理；对进出境中药材生产、经营企业实行诚信管理等。

第七条 进出境中药材企业应当依照法律、行政法规和有关标准从事生产、加工、经营活动，承担防疫主体责任，对社会和公众负责，保证进出境中药材安全，主动接受监督，承担社会责任。

第二章 进境检疫监管

第八条 海关总署对进境中药材实施检疫准入制度，包括产品风险分析、监管体系评估与审查、确定检疫要求、境外生产企业注册登记以及进境检疫等。

第九条 海关总署对首次向中国输出中药材的国家或者地区进行产品风险分析、监管体系评估，对已有贸易的国家和地区进行回顾性审查。

海关总署根据风险分析、评估审查结果，与输出国家或者地区主管部门协商确定向中国输出中药材的检疫要求，商签有关议定书，确定检疫证书。

海关总署负责制定、调整并在海关总署门户网站公布允许进境中药材的国家或者地区名单以及产品种类。

第十条 海关总署根据风险分析的结果，确定需要实施境外生产、加工、存放单位注册登记的中药材品种目录，并实施动态调整。注册登记评审程序和技术要求由海关总署另行制定、发布。

海关总署对列入目录的中药材境外生产企业实施注册登记。注册登记有效期为4年。

第十一条 境外生产企业应当符合输出国家或者地区法律法规的要求，并符合中国国家技术规范的强制性要求。

第十二条 输出国家或者地区主管部门在境外生产企业申请向中国注册登记时，需对其进行审查，符合本办法第十条、第十一条相关规定后，向海关总署推荐，并提交下列中文或者中英文对照材料：

（一）所在国家或者地区相关的动植物疫情、兽医卫生、公共卫生、植物保护、企业注册管理等方面的法律法规，所在国家或者地区主管部门机构设置和人员情况及法律法规执行等方面的书面资料；

（二）申请注册登记的境外生产企业名单；

（三）所在国家或者地区主管部门对其推荐企业的防疫、卫生控制实际情况的评估结论；

（四）所在国家或者地区主管部门对其推荐的企业符合中国法律法规要求的声明；

（五）企业注册申请书，厂区、车间、仓库的平面图、工艺流程图、动物或者植物检疫防控体系文件、防疫消毒处理设施照片、废弃物和包装物无害化处理设施照片等。

第十三条 海关总署收到推荐材料并经书面审查合格后，经与输出国家或者地区主管部门协商，可以派员到输出国家或者地区对其监管体系进行评估，对申请注册登记的境外生产企业进行检查。

经检查符合要求的申请企业，予以注册登记。

第十四条 已取得注册登记需延续的境外生产企业，由输出国家或者地区主管部门在有效期届满6个月前,按本办法第十二条规定向海关总署提出申请。海关总署可以派员到输出国家或者地区对其监管体系进行回顾性审查,并对申请的境外生产企业进行检查。

对回顾性审查符合要求的国家或者地区,经检查符合要求的境外生产企业,予以注册登记,有效期延长4年。

第十五条 进境中药材需办理进境动植物检疫审批的,货主或者其代理人应当在签订贸易合同前,按照进境动植物检疫审批管理办法的规定取得《中华人民共和国进境动植物检疫许可证》。

第十六条 海关总署可以根据实际需要,并商输出中药材国家或者地区政府主管部门同意,派员到输出国家或者地区进行预检。

第十七条 中药材进境前或者进境时,货主或者其代理人应当凭下列材料,向进境口岸海关报检:

(一)输出国家或者地区官方出具的符合海关总署要求的检疫证书;

(二)原产地证明、贸易合同、提单、装箱单、发票。

第十八条 海关对货主或者其代理人提交的相关单证进行审核,符合要求的,受理报检。

无输出国家或者地区政府动植物检疫机构出具的有效检疫证书,需要注册登记未按要求办理注册登记的,或者未依法办理检疫审批手续的,海关可以根据具体情况,作退回或者销毁处理。

第十九条 对进境中药材,海关按照中国法律法规规定和国家强制性标准要求、进境动植物检疫许可证列明的要求,以及本办法第九条确定的检疫要求实施检疫。

第二十条 进境口岸海关应当按照下列规定实施现场检疫:

(一)查询启运时间和港口、途经国家或者地区、装载清单等,核对单证是否真实有效,单证与货物的名称、数(重)量、输出国家或者地区、唛头、标记、境外生产企业名称、注册登记号等是否相符；

（二）包装是否完好，是否带有动植物性包装、铺垫材料，并符合《中华人民共和国进出境动植物检疫法》及其实施条例、进境货物木质包装检疫监督管理办法的规定；

（三）中药材有无腐败变质现象，有无携带有害生物、动物排泄物或者其他动物组织等，有无携带动物尸体、土壤及其他禁止进境物。

第二十一条 现场查验有下列情形之一的，海关签发检疫处理通知书，并作相应检疫处理：

（一）属于法律法规禁止进境的、带有禁止进境物的、货证不符的、发现严重腐败变质的作退回或者销毁处理；

（二）对包装破损的，由货主或者其代理人负责整理完好，方可卸离运输工具。海关对受污染的场地、物品、器具进行检疫处理；

（三）带有有害生物、动物排泄物或者其他动物组织等的，按照有关规定进行检疫处理；

（四）对受到病虫害污染或者疑似受到病虫害污染的，封存有关货物，对被污染的货物、装卸工具、场地进行消毒处理。

第二十二条 现场检疫中发现病虫害、病虫为害症状，或者根据相关工作程序需进行实验室检疫的，海关应当对进境中药材采样，并送实验室。

第二十三条 中药材在取得检疫合格证明前，应当存放在海关认可的地点，未经海关许可，任何单位和个人不得擅自调离、销售、加工。

《进境动植物检疫许可证》列明该产品由目的地海关实施检疫、加工监管，口岸海关验证查验并做外包装消毒处理后，出具《入境货物调离通知单》，收货人或者其代理人在规定时限内向目的地海关申请检疫。未经检疫，不得销售、加工。

需要进境检疫审批的进境中药材应当在检疫审批许可列明的指定企业中存放和加工。

第二十四条 进境中药材经检疫合格，海关出具入境货物检验检疫证明后，方可销售、使用或者在指定企业存放、加工。入境货物检验检疫证明均应列明货物的名称、原产国家或者地区、数/重量、生产批号/生产日期、用途等。

第二十五条 检疫不合格的，海关签发检疫处理通知书，由货主或者其代理人在海关的监督下，作除害、退回或者销毁处理，经除害处理合格的准予进境。

需要由海关出证索赔的，海关按照规定签发相关检疫证书。

第二十六条 装运进境中药材的运输工具和集装箱应当符合安全卫生要求。需要实施防疫消毒处理的，应当在进境口岸海关的监督下实施防疫消毒处理。未经海关许可，不得将进境中药材卸离运输工具、集装箱或者运递。

第二十七条 境内货主或者其代理人应当建立中药材进境和销售、加工记录制度，做好相关记录并至少保存2年。同时应当配备中药材防疫安全管理人员，建立中药材防疫管理制度。

第三章 出境检疫监管

第二十八条 出境中药材应当符合中国政府与输入国家或者地区签订的检疫协议、议定书、备忘录等规定，以及进境国家或者地区的标准或者合同要求。

第二十九条 出境生产企业应当达到输入国家或者地区法律法规的相关要求，并符合中国有关法律法规规定。

第三十条 出境生产企业应当建立完善的防疫体系和溯源管理制度。

出境生产企业应当建立原料、包装材料等进货采购、验收记录、生产加工记录、出厂检验记录、出入库记录等，详细记录出境中药材生产加工全过程的防疫管理和产品溯源情况。

上述记录应当真实，保存期限不得少于2年。

出境生产企业应当配备检疫管理人员，明确防疫责任人。

第三十一条 输入国家或者地区要求对向其输出中药材的出境生产企业注册登记的，海关实行注册登记。注册登记有效期为4年。

第三十二条 出境生产企业申请注册登记时，应当提交下列材料：

（一）《出境中药材生产企业检疫注册登记申请表》；

（二）厂区平面图，并提供重点区域的照片或者视频资料；

（三）产品加工工艺。

第三十三条 所在地直属海关对出境生产企业的申请，应当根据下列情况分别作出处理：

（一）申请材料齐全、符合法定形式或者申请人按照要求提交全部补正申请材料的，应当受理申请；

（二）申请材料存在可以当场更正的错误的，应当允许申请人当场更正；

（三）申请材料不齐全或者不符合法定形式的，应当当场或者在5个工作日内一次告知申请人需要补正的全部内容，逾期不告知的，自收到申请材料之日起即为受理。

直属海关受理或者不予受理申请，应当出具加盖本行政机关专用印章和注明日期的书面凭证。

第三十四条 直属海关应当在受理申请后组成评审组，对提出申请的出境生产企业进行现场评审。评审组应当在现场评审结束后及时向直属海关提交评审报告。

第三十五条 直属海关应当自受理申请之日起20日内对申请人的申请事项作出是否准予注册登记的决定；准予注册登记的，颁发注册登记证。

直属海关自受理申请之日起20日内不能作出决定的，经直属海关负责人批准，可以延长10日，并应当将延长期限的理由告知申请人。

第三十六条　注册登记出境生产企业变更企业名称、法定代表人、产品种类、存放、生产加工能力等，应当在变更后30日内向直属海关提出书面申请，填写《出境中药材生产企业检疫注册登记申请表》，并提交与变更内容相关的资料。

变更企业名称、法定代表人的，由直属海关审核有关资料后，直接办理变更手续。

变更产品种类或者生产能力的，由直属海关审核有关资料并组织现场评审，评审合格后，办理变更手续。

企业迁址的，应当重新向直属海关申请办理注册登记手续。

第三十七条　需要向境外推荐注册的，直属海关应当将通过初审的出境生产企业名单上报海关总署。海关总署组织评估，统一向输入国家或者地区主管部门推荐并办理有关手续。

第三十八条　出境中药材的货主或者其代理人应当向中药材生产企业所在地海关报检，报检时，需如实申报产品的预期用途，并提交以下材料：

（一）合同、发票、装箱单；

（二）生产企业出具的出厂合格证明；

（三）产品符合进境国家或者地区动植物检疫要求的书面声明。

第三十九条　海关应当按照本办法第二十八条规定对出境中药材实施检疫监管。

出境中药材经检疫合格或者经除害处理合格的，海关应当按照规定出具有关检疫证单，准予出境。

检疫不合格又无有效方法作除害处理的，不准出境。

第四十条 海关可以根据海关总署相关要求,结合所辖地区中药材出境情况、输入国家或者地区要求、生产企业管理能力和水平、生产企业的诚信度,以及风险监测等因素,在风险分析的基础上,对辖区出境中药材和生产企业实施分类管理。

第四章 监督管理

第四十一条 海关对进出境中药材的生产、加工、存放过程实施检疫监督。

第四十二条 海关总署对进出境中药材实施动植物疫病疫情监测。

主管海关在监测中发现问题时,应当及时按规定处置和报告。

第四十三条 进境中药材的货主或者其代理人和出境中药材生产企业应当建立疫情信息报告制度和应急处置方案。发现疫情信息应当及时向海关报告并积极配合海关进行疫情处置。

第四十四条 海关总署根据获得的风险信息,在风险分析的基础上,发布风险预警信息通报,并决定对相关产品采取以下控制措施:

(一)有条件地限制进境或者出境,包括严密监控、加严检疫等;

(二)禁止进境或者出境,就地销毁或者作退运处理;

(三)撤销生产企业注册登记资格;

(四)启动有关应急处置预案。

主管海关负责组织实施风险预警及控制措施。

第四十五条 海关总署可以参照国际通行做法,对不确定的风险直接发布风险预警通告,并采取本办法第四十四条规定的控制措施。同时及时收集和补充有关信息和资料,进行风险分析。

第四十六条 进出境中药材疫情风险已消除或者降低到可接受的程度时,海关总署应当及时解除风险预警通报或者风险预警通告以及控制措施。

第四十七条　海关对中药材进出境检疫中发现的疫情，特别是重大疫情，应当按照进出境重大动植物疫情应急处置预案进行处置。

第四十八条　海关应当将进出境中药材的货主或者其代理人以及境内外生产企业纳入诚信管理。

第五章　法律责任

第四十九条　进出境中药材货主或者其代理人，有下列违法行为之一的，海关应当按照《中华人民共和国动植物检疫法》第四十条，《中华人民共和国动植物检疫法实施条例》第五十九条之规定，予以处罚：

（一）未报检或者未依法办理检疫审批手续或者未按检疫审批的规定执行的；

（二）报检的中药材与实际不符的。

第五十条　有下列违法行为之一的，海关应当按照《中华人民共和国动植物检疫法实施条例》第六十条之规定，予以处罚：

（一）未经海关许可擅自将进境中药材卸离运输工具或者运递的；

（二）擅自开拆、损毁动植物检疫封识或者标志的。

第五十一条　有下列违法行为之一的，依法追究刑事责任；尚不构成犯罪或者犯罪情节显著轻微依法不需要判处刑罚的，海关应当按照《中华人民共和国动植物检疫法实施条例》第六十二条之规定，予以处罚：

（一）引起重大动植物疫情的；

（二）伪造、变造检验检疫单证、印章、标志、封识的。

第五十二条　海关工作人员在对进出境中药材实施检疫和监督管理工作中滥用职权，故意刁难当事人的，徇私舞弊，伪造检验检疫结果的，或者玩忽职守，延误检验检疫出证的，依法给予行政处分；构成犯罪的，依法追究刑事责任。

第六章 附 则

第五十三条 进出境中药材涉及野生或者濒危保护动物、植物的，应当符合我国或者相关国家或者地区有关法律法规要求。

第五十四条 以国际快递、邮寄和旅客携带方式进出境中药材的，应当符合相关规定。

第五十五条 过境中药材的检疫按照《中华人民共和国进出境动植物检疫法》及其实施条例办理。

第五十六条 本办法由海关总署负责解释。

第五十七条 本办法自2015年12月1日起施行。

进境水果检验检疫监督管理办法

（2005年1月5日国家质量监督检验检疫总局令第68号公布　根据2018年4月28日海关总署令第238号《海关总署关于修改部分规章的决定》第一次修正　根据2018年11月23日海关总署令第243号《海关总署关于修改部分规章的决定》第二次修正）

第一条　为了防止进境水果传带检疫性有害生物和有毒有害物质，保护我国农业生产、生态安全和人体健康，根据《中华人民共和国进出境动植物检疫法》及其实施条例、《中华人民共和国进出口商品检验法》及其实施条例和《中华人民共和国食品安全法》及其他有关法律法规的规定，制定本办法。

第二条　本办法适用于我国进境新鲜水果（以下简称水果）的检验检疫和监督管理。

第三条　海关总署统一管理全国进境水果检验检疫监督管理工作。

主管海关负责所辖地区进境水果检验检疫监督管理工作。

第四条　禁止携带、邮寄水果进境，法律法规另有规定的除外。

第五条　在签订进境水果贸易合同或协议前，应当按照有关规定向海关总署申请办理进境水果检疫审批手续，并取得《中华人民共和国进境动植物检疫许可证》（以下简称《检疫许可证》）。

第六条　输出国或地区官方检验检疫部门出具的植物检疫证书（以下简称植物检疫证书）（正本），应当在报检时由货主或其代理人向海关提供。

第七条　植物检疫证书应当符合以下要求：

（一）植物检疫证书的内容与格式应当符合国际植物检疫措施标准ISPM第12号《植物检疫证书准则》的要求；

（二）用集装箱运输进境的，植物检疫证书上应注明集装箱号码；

（三）已与我国签订协定（含协议、议定书、备忘录等，下同）的，还应符合相关协定中有关植物检疫证书的要求。

第八条 海关根据以下规定对进境水果实施检验检疫：

（一）中国有关检验检疫的法律法规、标准及相关规定；

（二）中国政府与输出国或地区政府签订的双边协定；

（三）海关总署与输出国或地区检验检疫部门签订的议定书；

（四）《检疫许可证》列明的有关要求。

第九条 进境水果应当符合以下检验检疫要求：

（一）不得混装或夹带植物检疫证书上未列明的其他水果；

（二）包装箱上须用中文或英文注明水果名称、产地、包装厂名称或代码；

（三）不带有中国禁止进境的检疫性有害生物、土壤及枝、叶等植物残体；

（四）有毒有害物质检出量不得超过中国相关安全卫生标准的规定；

（五）输出国或地区与中国签订有协定或议定书的，还须符合协定或议定书的有关要求。

第十条 海关依照相关工作程序和标准对进境水果实施现场检验检疫：

（一）核查货证是否相符；

（二）按第七条和第九条的要求核对植物检疫证书和包装箱上的相关信息及官方检疫标志；

（三）检查水果是否带虫体、病征、枝叶、土壤和病虫为害状；

现场检疫发现可疑疫情的，应送实验室检疫鉴定；

（四）根据有关规定和标准抽取样品送实验室检测。

第十一条 海关应当按照相关工作程序和标准实施实验室检验检疫。

对在现场或实验室检疫中发现的虫体、病菌、杂草等有害生物进行鉴定，对现场抽取的样品进行有毒有害物质检测，并出具检验检疫结果单。

第十二条 根据检验检疫结果，海关对进境水果分别作以下处理：

（一）经检验检疫合格的，签发入境货物检验检疫证明，准予放行；

（二）发现检疫性有害生物或其他有检疫意义的有害生物，须实施除害处理，签发检验检疫处理通知书；经除害处理合格的，准予放行；

（三）不符合本办法第九条所列要求之一的、货证不符的或经检验检疫不合格又无有效除害处理方法的，签发检验检疫处理通知书，在海关的监督下作退运或销毁处理。

需对外索赔的，签发相关检验检疫证书。

第十三条 进境水果有下列情形之一的，海关总署将视情况暂停该种水果进口或暂停从相关水果产区、果园、包装厂进口：

（一）进境水果果园、加工厂地区或周边地区爆发严重植物疫情的；

（二）经检验检疫发现中方关注的进境检疫性有害生物的；

（三）经检验检疫发现有毒有害物质含量超过中国相关安全卫生标准规定的；

（四）不符合中国有关检验检疫法律法规、双边协定或相关国际标准的。

前款规定的暂停进口的水果需恢复进口的,应当经海关总署依照有关规定进行确认。

第十四条 经香港、澳门特别行政区(以下简称港澳地区)中转进境的水果,应当以集装箱运输,按照原箱、原包装和原植物检疫证书(简称"三原")进境。进境前,应当经海关总署认可的港澳地区检验机构对是否属允许进境的水果种类及"三原"进行确认。经确认合格的,经海关总署认可的港澳地区检验机构对集装箱加施封识,出具相应的确认证明文件,并注明所加封识号、原证书号、原封识号,同时将确认证明文件及时传送给入境口岸海关。对于一批含多个集装箱的,可附有一份植物检疫证书,但应当同时由海关总署认可的港澳地区检验机构进行确认。

第十五条 海关总署根据工作需要,并商输出国家或地区政府检验检疫机构同意,可以派海关人员到产地进行预检、监装或调查产地疫情和化学品使用情况。

第十六条 未完成检验检疫的进境水果,应当存放在海关指定的场所,不得擅自移动、销售、使用。

进境水果存放场所由所在地海关依法实施监督管理,并应符合以下条件:

(一)有足够的独立存放空间;

(二)具备保质、保鲜的必要设施;

(三)符合检疫、防疫要求;

(四)具备除害处理条件。

第十七条 因科研、赠送、展览等特殊用途需要进口国家禁止进境水果的,货主或其代理人须事先向海关总署或海关总署授权的海关申请办理特许检疫审批手续;进境时,应向入境口岸海关报检,并接受检疫。

对于展览用水果,在展览期间,应当接受海关的监督管理,未经海关许可，不得擅自调离、销售、使用；展览结束后，应当在海关的监督下作退回或销毁处理。

第十八条 违反本办法规定的，海关依照《中华人民共和国进出境动植物检疫法》及其实施条例、《中华人民共和国进出口商品检验法》、《中华人民共和国食品卫生法》及相关法律法规的规定予以处罚。

第十九条 本办法由海关总署负责解释。

第二十条 本办法自2005年7月5日起施行。原国家出入境检验检疫局1999年12月9日发布的《进境水果检疫管理办法》同时废止。